JN247868

＼コスパよく／

最短で美肌になるために
知っておきたい

スキンケア大全

化粧品開発・研究者
すみしょう

KADOKAWA

はじめに

はじめまして。すみしょうと申します。

普段は化粧品を実際に使ってみてのレビューや、個々の商品に含まれる成分についての解説をＳＮＳやYouTubeで発信しています。

インターネットやＳＮＳの発達で、

化粧品や美容に関する情報がたくさん手に入るようになりました。

しかし、中には誇大広告のようなものや、根拠に乏しい話もあり、

合理的な判断が難しくなっているように感じます。

本書では私の化粧品の処方開発や製造、薬事業務の経験をもとに、

化粧品成分の働き、科学的根拠を中心としたスキンケアの方法、

あまり知られていない化粧品の真実をお伝えしていきます。

これを読むだけで肌が劇的に変わるすみしょうメソッド！　ではありませんが、
できるだけ中立に科学的に、そして難しすぎないように情報をまとめています。

この本を読んで、少しだけ自分の肌について知ることができたり、
日ごろのスキンケアを見直したり、
適切な成分が配合された化粧品を手に取ることで小さくても美肌に近づく一歩を
踏み出してもらえると嬉しいです。

あなたの化粧品選びの参考になりますように。

CONTENTS

第2章 洗顔は美肌への近道!

第3章 「保湿」はとにかくとっても大事!

第4章 日焼け止めでお肌を守る!

第5章 お悩み別の美容と成分

第6章 化粧品開発のウラ話

※本文中の成分や、化粧品基準等の情報は2021年3月現在のものです。
また本書は特定の成分および商品等を保証するものではございません。特定の成分が入った製品を使用する際はご自身の判断でご使用ください。

第1章

みんなが知りたい本当のスキンケア

001

美しい肌とは「刺激に負けない強い肌」

肌のしくみ／考え方

「美しい肌ってどんな肌？」と聞かれたら、どんな肌を思い浮かべますか。

スベスベの赤ちゃん肌をイメージする方もいると思いますが、実は赤ちゃんの肌は乾燥肌。

私が考える美しい肌とは**角層が整った状態の肌**のこと。

この状態の肌は**ふっくら肌のキメが整っていて、刺激に強く、くすまない健康的な肌で見た目にも美しいです**。

この理想に近づくためには自分にあう化粧品を使うことが大切です。

002

3つのポイントで「肌にあう」を見極める

見極めポイント

①刺激がない（チクチクしない）
②1〜1.5カ月使って、期待した効き目がある
③これからも使いたい使用感である

何もよさを感じないからといって短期間で使用をやめてしまう人もいますが、**お肌のターンオーバーの1サイクル期間は継続して使ってみないと効き目はわかりません。**

自分にちゃんとあってるかなと疑問に思ったら、振り返ってみてくださいね。

003

値段や評価より「自分の肌にあうか」が大事！

考え方

「安いクレンジングオイルは、肌に悪い」「美容液は必ず使うべき」いろいろな方法や考え方がＳＮＳ上にもあふれています。

ですが、**スキンケアにおいて「必ずしなければいけないこと」は私はないと考えます。**

肌質は人それぞれ。ほかの誰かの美肌術が自分にあうとは限らないのです。

正しい知識を身につけて、自分の肌にあう方法を見つけられるようになることが美肌への近道なのです。

004

ピリピリしたら使うのをやめましょう

見極めポイント／成分／選び方

「あれ……、この化粧品使うとなんだかかゆいな。前は大丈夫だったのに……」
そんなことはありませんか？
季節や体調によって、一時的に肌のバリア機能が弱っているせいかもしれません。
この場合は少し時間をあけて使ってみて、大丈夫だったら気にしなくてOKでしょう。
いつ使ってもかぶれる、かゆい、刺激があるという場合は使用をやめましょう。
私は、肌にあわなかった商品の成分表示を見て、次の化粧品選びの参考にしています。

005

化粧品のしくみ

化粧品のしくみ ／ 成分 ／ 考え方

洗顔料やスキンケア製品（化粧水、乳液など）や、日焼け止め、メイク用品（ファンデーション、マスカラ、チークなど）、石けんやシャンプー……これらすべてが「化粧品」です。

化粧品は、**ベース成分**とよばれる**水**、**水性成分**、**油性成分**、**界面活性剤**が90％以上と、残りがその他成分でできています。

ベース成分の種類と割合によって、化粧水になったり乳液になったり、洗顔料になったりします。使ったときの感触や保湿力などはこのベース成分の処方で大きく変わります。

その他成分は美容成分（植物エキスや機能成分

など）、粘度調整剤、香料、防腐剤、着色料等があります。

化粧水はおおむね水が80％〜、洗顔フォームでは50％〜、クレンジングオイルでは５％以下のものもあり、使用感や目的などが異なります。

また、どんな化粧品でも、

①安全性
②効果
③使用感
④安定性

この４つを満たすことが大切だと私は考えています。

化粧品の成分の比率はこんな感じ！

化粧品の成分はそれぞれがこんな割合で配合されていることが多いです。
あくまでも目安ですが、ざっくり覚えておくとよいと思います。

水性成分…水に溶けやすい成分
油性成分…イメージとしては油っぽい成分
界面活性剤…水っぽさ・油っぽさ両方を持つ成分
その他の成分…美容成分（植物エキスや機能成分など）
粘度調整剤、香料、防腐剤、着色剤ほか

医薬部外品の有効成分は機能成分としてその他成分に含まれるものが多いです。

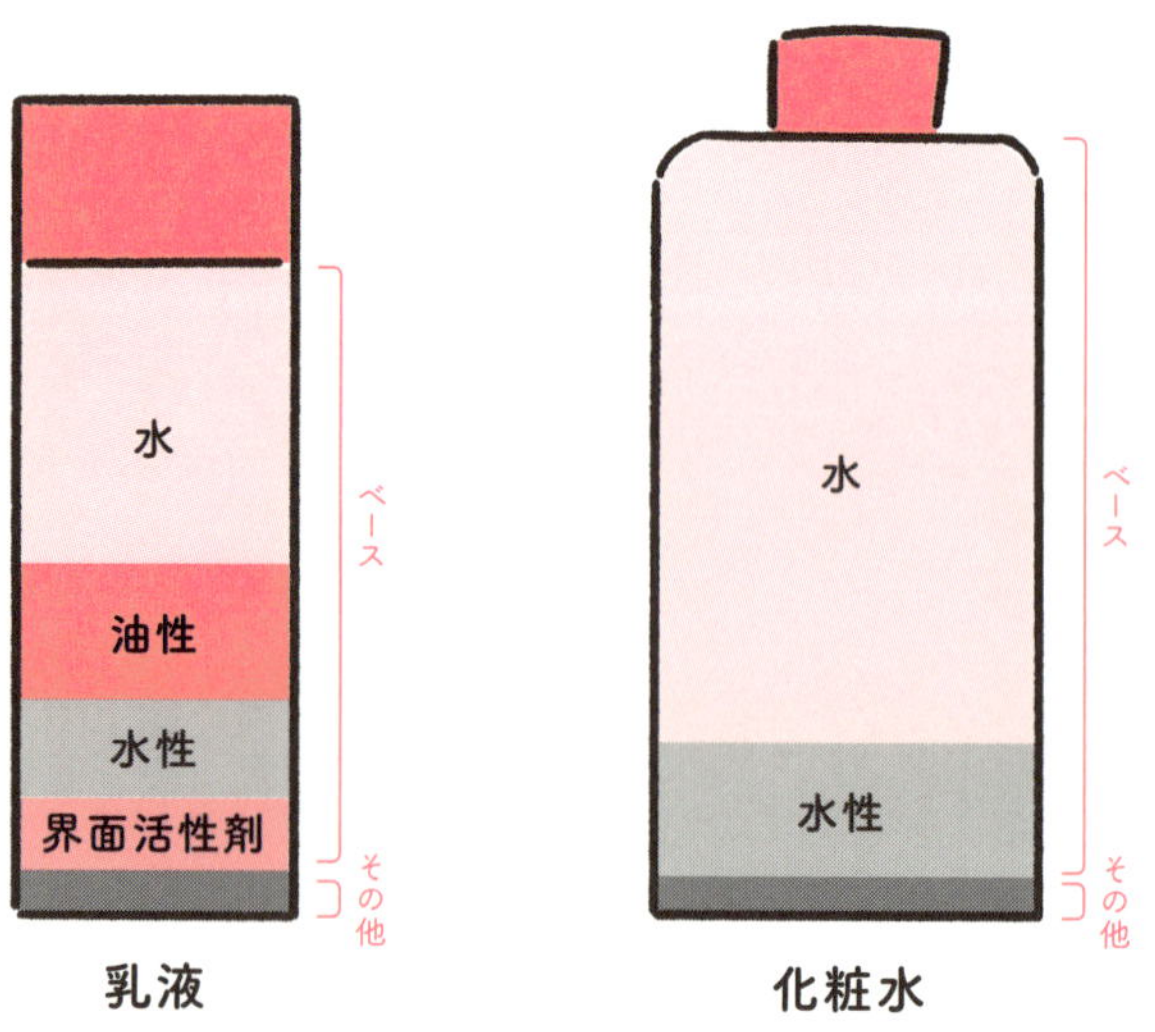

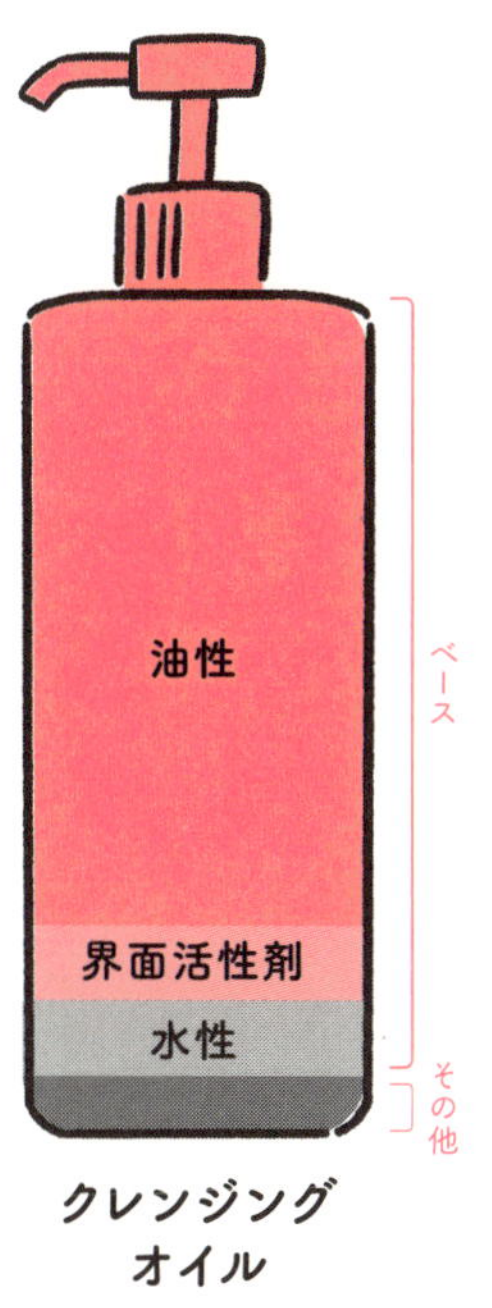

クレンジング
オイル

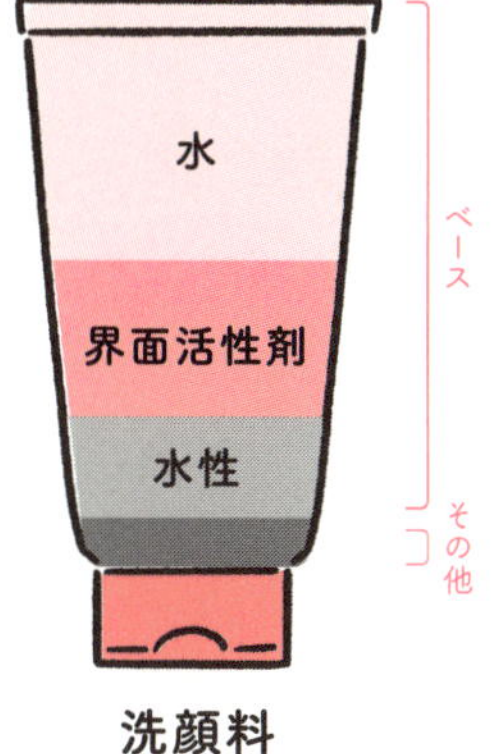

洗顔料

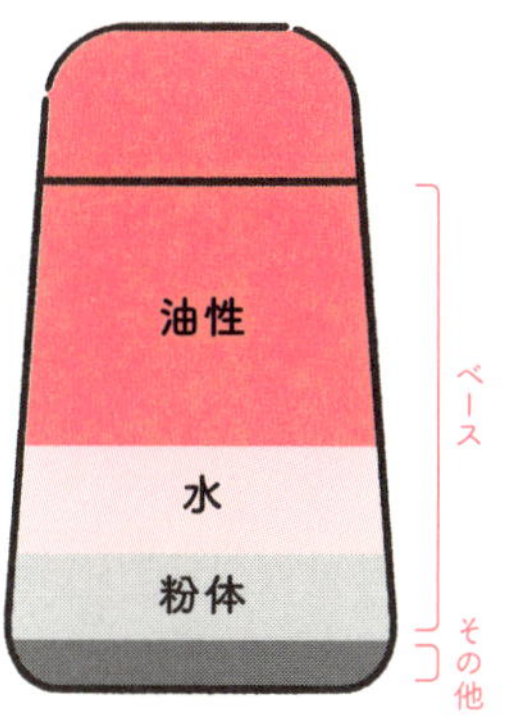

日焼け止め
（オイルベース）

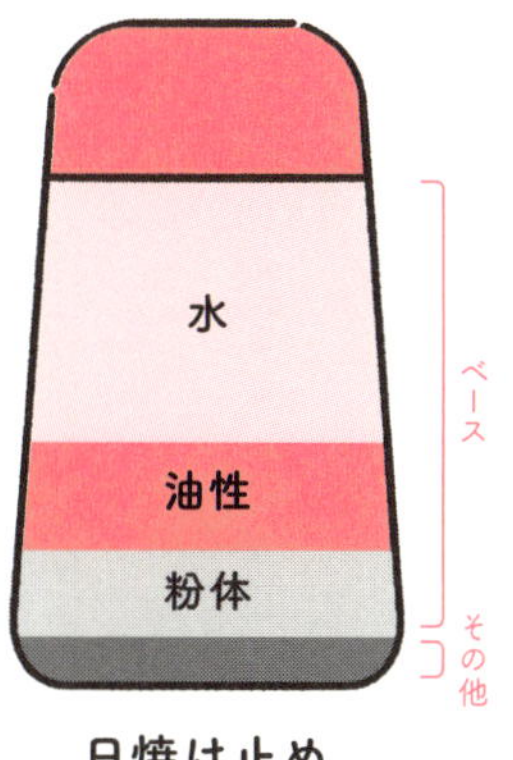

日焼け止め
（水ベース）

006

化粧品の作用は基本的に角層までだけどそれが大事！

肌のしくみ

お肌は肌表面から**表皮、真皮、皮下組織の3層**にわかれ、さらに表皮のなかも4層にわかれています。

表皮の一番上にあるのが最も重要な**角層**。

角層には肌のうるおいを守る「**保湿機能**」と、アレルゲン、ほこり、菌などの外的刺激から肌を守り、うるおいが逃げるのを防ぐ「**バリア機能**」の2つがあります。

化粧品は基本的に角層に作用し、美肌を作るのに重要なこの2つの機能を健やかに維持するために使います。

肌のしくみ

化粧品はここに作用します。
保湿機能とバリア機能があります。
1 角層（角質層）
1
2
表皮
真皮
2 顆粒層
有棘層
基底層
拡大すると？

007

化粧水はほぼ水！

化粧水／化粧品のしくみ／成分

ベース成分とは化粧品のかたちや使用感、保湿や洗浄という基本的な役割を決めるもの。

スキンケア製品は主に水、グリセリン、エタノールなどの「**水性成分**」、スクワラン、エチルヘキサン酸セチル、シア脂などの「**油性成分**」、ポリソルベート60、ステアリン酸グリセリルなどの「**界面活性剤**」の3つから成り、中身の90％以上がこのベース成分。化粧水ともなれば全体の90％以上が水の場合も！

だからといって効き目がないのではなく、残りの約10％に含まれる成分が大切なのです。

008

重要なのは「その他成分」

化粧品のしくみ ／ 成分

「その他成分」とは美白やシワ改善など効果が期待できる「**機能成分**」や植物エキスといった「**美容成分**」、化粧品に香りをつける「**香料**」、品質を安定に保つ「**防腐剤**」などのこと。いずれもベース成分と比較するとわずかな配合量ですが、どんな成分をどれだけ配合しているかによって効き目や値段が異なります。メーカーが独自に開発した「独自成分」というものもあり、まさに各社の研究成果そのものです。さらに、2種類以上の成分の組み合わせで相乗効果を生み出したり、同じ成分名でも製造方法の違いで効き方や品質が違ったりと、奥が深いのです。

009

お金をかけるなら美容液やクリーム

化粧品のしくみ／選び方／成分

スキンケア製品として主にあげられるのは化粧水、乳液、美容液、クリーム……。ほかにも細かいものを書き出すとキリがないほどたくさんあります。

限られた予算の中で私が**お金をかけるとしたら美容液とクリーム**です。

化粧品の価格の差は原料のなかでは「美容成分」と「機能成分」と「香料」の種類や配合量によるところが大きいです。

「美容成分」と「機能成分」は時間の経過によって沈殿することがあるため、安定に配合して品質を保つためには、ある程度の粘度

（とろみ）や、界面活性剤、油性成分を配合することが必要です。

その結果、化粧水よりも美容液やクリームのようなさまざまな成分が配合され、とろみのあるものに多く配合される傾向があります。

また、化粧水に含まれる「水」や「水性成分」は美容液やクリームにも同様に配合されています。

このような理由から、私はお金をかけるなら美容液やクリームと考えています。

010

デパコスは最新技術と成分の宝箱

化粧品のしくみ ／ 成分 ／ 見極めポイント

プチプラコスメとデパコスの違いは、肌に効く**「その他成分」の配合量**と、特定成分の組み合わせです。各社の最先端の研究結果はデパコスに詰め込まれます。**ベース成分だけを比べるなら配合量も効き目もほとんど変わりません。**

しかし、その他成分である**「機能成分」「植物エキス」「香料」**などは、いずれも原価が高く、プチプラには「○○エキス配合」と記載があってもほんの少しだけのこともあります。

いい香りや＋αのものを求めるならば、やはりデパコスが確実です。

誇大広告に気をつけよう!

見極めポイント ／ 化粧品のしくみ

スキンケア商品は法律（※）で「化粧品」と「薬用化粧品（医薬部外品）」に分類されます。これらは、基本的に**肌の保湿や清浄、ニキビを防ぐ、シミ・そばかすを防ぐなどの予防効果が期待されているもので、できてしまったニキビやシミを治すものではありません。**シミが消える、シワがなくなるという商品は誇大広告であって法律違反。そのように宣伝している商品に手を伸ばすのはおすすめしません。

※医薬品医療機器等法のこと。

012

ライン使いはしても、しなくてもOK

考え方／選び方

「化粧品はライン使いした方がいいの？」という質問をよく受けます。

メーカーはライン使いで最大限の効果が発揮できるように設計していますので、迷う場合はまずはライン使いをしてみてはいかがでしょうか。


しかし、私は別シリーズの気に入ったものを組み合わせて使ってもよいと思っています。

私は洗顔はA社のプチプラ、美容液はB社のデパコスにするなど、自分のなりたい肌にあわせて選んでいます。

013

スキンケアの基本は「洗う」「保湿する」「日焼け止めを塗る」

考え方／洗顔／保湿／紫外線ケア

日々、最先端の研究や最新の成分が宣伝されて目移りしますが、美肌を作るスキンケアでは**「洗う」「保湿する」「日焼け止めを塗る」**の３つの基本がとにかく大切です。

これは性別問わずいえること。

「もちろんやってます！」と思う方も多いと思いますが、本当に正しい方法で行えているでしょうか？

間違った方法だと効き目が半減してしまいます。

自分の方法が正しいかどうか、一緒にチェックしていきましょう。

014

正しい洗顔はタダで美肌になる一番かんたんな方法

洗顔／考え方

みなさんはどんな風にメイクを落として、どんな風に顔を洗っていますか？

もし、肌をゴシゴシこすったりしているなら、それはすぐにやめてください！

こすればこするほど、うるおいが逃げやすく、バリア機能が低下し、炎症や色素沈着も起こりやすくなり、美肌は遠のきます。

肌の表面は常にターンオーバーを繰り返し、垢となってはがれます。**こするくらいなら、多少汚れが残っている方がマシなほど**です。

正しい洗顔は「肌をこすらない」。自分の肌を赤ちゃんの肌だと思ってやさしく扱いましょう。

これが一番かんたんでコスパもいい方法です。

015

「保湿」がとにかく最重要！

保湿／考え方

保湿は「すべての肌トラブル改善に役立つ」といっても過言ではないと考えています。

保湿をすると肌にある酵素が働いて、肌のターンオーバーを正常にし、バリア機能をととのえてくれます。

肌はバリア機能が低下すると乾燥、肌荒れ、赤み、敏感肌などあらゆるトラブルを引き起こします。保湿することは大切なバリア機能を保つことにつながります。

016

日焼け止めが肌を老化から守る

紫外線ケア／肌悩み／シワ

肌の老化の原因を大別すると、加齢によるものと紫外線によるものの2つがあげられます。シワは作りたくないものです。そのためには、肌の「弾力」を保たなければなりません。**弾力に関わる、コラーゲン・エラスチン・ヒアルロン酸は表皮より奥の真皮に存在する線維芽細胞が生み出してくれ**ますが、紫外線のなかでも「UV－A」（波長が長い紫外線）を浴びると、大切な細胞にダメージを与えます。すると、**弾力が低下し、深～いシワの原因**に。紫外線は冬でも曇りでも降り注ぎ、UV－Aは窓ガラスも通過します。家の中でも日焼け止めを塗ることを心がけましょう。

017

見た目や気持ちも大事です

考え方／選び方

パッケージの可愛さや高級感はムダかというと私はそう思いません。

研究の世界では、**気持ち次第で効果が変わる「プラセボ効果」というものがあります。**

好きなデザインでテンションがあがれば、肌によりよい影響をもたらすかもしれません。

また、気に入って使い続けることで、その商品から期待される効果が得やすくなるかもしれません。

「〜かも」と期待することは美肌にもいい、かもしれません。

見た目や気持ちも大切な要素の１つなのです。

018

ターンオーバーとは細胞の生まれ変わりのこと

肌のしくみ ／ 肌悩み

ターンオーバーという言葉をご存じですか？

肌は細胞が積み重なってできています。表皮の「基底層」で生まれた**細胞のターンオーバー**は主に「細胞分化」「角層剥離（はくり）」の2つのプロセスで進行します。

まず、「細胞分化」は、表皮の基底層で生まれた細胞が表皮の外側に徐々に移行し、やがて最外層に到達することです。

一般的にこの**「細胞分化」の速度は遅い方がよく、早くなると角層細胞が未成熟となりバリア機能が低下**します。

そして「角層剥離」は細胞が角層に到達して

から2週間ほどで、角層の一番外側に到達し、垢となってはがれ落ちることです。

この「**角層剥離**」**は、なるべく早く進んだ方がよい**といわれています。

このサイクルがターンオーバーです。1サイクルするのに約1〜1.5カ月かかります。

ターンオーバーは加齢、乾燥、紫外線などによって乱れ、肌トラブルを引き起こします。

保湿や日焼け止めでターンオーバーを正常にととのえましょう。

019

美白を目指すなら「医薬部外品」を選ぶ

化粧品のしくみ ／ 成分 ／ 肌悩み ／ 選び方

化粧品と医薬部外品の大きな違いは「有効成分」が配合されているかどうかです。

「有効成分」とは美容成分のなかでもその**効果・効能が法律によって「有効」と認められたもの。**有効成分は、効果と安全性のバランスをみて、ある程度の量を配合する必要があり、微量の添加でごまかすことはできません。

医薬部外品は、シミ・そばかすを防ぐ、肌荒れやニキビを防ぐというように明確に広告できるようになります。

容器や外箱に必ず「医薬部外品」あるいは「薬用」と記載されているので、商品選びの目安にしてください。

020

「治すこと」を目的とした医薬品

化粧品のしくみ／肌悩み／考え方

化粧品や医薬部外品が原則「予防」を目的としているのに対し、「治すこと」を目的としたものが医薬品。

医師が処方するものもあれば、ドラッグストアなどでも購入できるものもあります。

ただ、医薬品はあくまで治療のためのもの。日々のケアは化粧品や医薬部外品、治すときには医薬品というように、お互いをうまく取り入れながらスキンケアをしていきましょう。

かぜが治ったあともかぜ薬を飲み続けることはありませんよね？

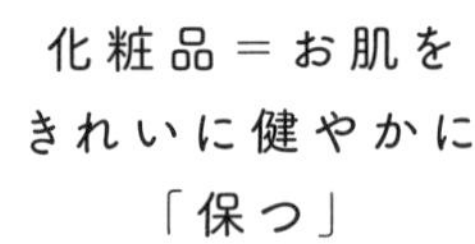

医薬部外品＝
お肌の悩みを
「防止」する

医薬品＝
お肌の悩みを
「治療」する

難しいけど、
すごく大事です。

医薬部外品と化粧品

効果が高そうに見える『医薬部外品』。

特定の効果がある有効成分を配合し、「シワを改善する」などの効果を訴求できます。

「メラニンの生成を抑え、シミ・そばかすを防ぐ」

その代わりに、厚生労働省の定めた成分しか配合できない、

配合量も上限が決まっているなど、自由な処方設計ができません。

『化粧品』は基準さえ守れば各社の責任でどんな成分でも、

いくらでも自由に配合することが可能です。

極論ですが、美容成分を**医薬部外品以上に配合することもできる**のです。

しかし、どれだけいい成分をたくさん配合しても

『化粧品』は「肌をととのえる」という程度にしか記載できません。

悲しい宿命なのです。

021

No.1コスメは「分野」と「期間」をチェック

考え方／選び方

お店に行くと「No.1」のポップが貼られた商品をたくさん見かけるようになりました。

「なんの分野」で、「どれくらいの期間」で、というのに注目しましょう。

「洗顔分野で1年間1位」

「クレイ洗顔部門で1カ月だけ1位」

どちらが本当にすごいですか?

ポップに小さく記載されているので、目を凝らして見てみてください。

人の体験談を鵜呑みにしないで

「友人たちは○○を使っていて、みんなきれい」こんな相談をよく受けます。
しかし、肌の質は人それぞれです。
体験談を話す人の肌とあなたの肌がまったく同じだったら
あくまで人の話は他人のこと。
効果もあるかもしれませんが、そんなことはほぼありませんよね。
また、スキンケア商品だけが肌の美しさを決めるものではなく、
肌に影響する要素は食事、睡眠、ストレス、遺伝などさまざまです。
スキンケアはあくまで要因の1つと考えておきましょう。
しかも、スキンケアは地道なケアが重要で、
瞬時に美肌になることは残念ながらありません。
最近はSNSでも法律違反だと思われる表現を
よく目にするようになってきました。
「すごい！」と思ったときこそ、詳しく調べて冷静に判断しましょう。

022

「オーガニック」だけが安全？

成分／考え方

化粧品は「化学成分」でできています。人の肌に塗るものなので、法律によって安全性や品質が厳しくチェックされ、さらに各社独自の厳しい基準をクリアしたものがあなたの手元に届いています。

あらゆるチェックをクリアした**化粧品は、基本的に安全なもの**なのです。人によって肌にあう、あわない成分があるだけです。**求めるべきは「あなたにあう成分」**で、それが「オーガニック」とは限りません。オーガニックコスメも分子レベルで突き詰めれば化学成分の集合体なのです。

023

「安全っぽさ」にこだわりすぎるといい出会いを逃す

成分／考え方／選び方

普通の肌の人が必要以上に「○○**フリー**」や「**オーガニック**」を求める必要はありません。効き目や安全性は、**使う人によって異なるからです。**

むしろ、そのような「**安全っぽい**」処方にこだわることで、使える原料が限られ、コストが上がったり、使用感を犠牲にすることがあります。

その結果、いい商品との出会いを逃すことになりかねません。

全成分表示について

使用しているすべての成分の表示義務があるのは、化粧品だけ。
これらは、配合量の多い順に成分を書くルールになっているので、
「水、グリセリン、BG」などのベース成分が前に書かれることがほとんどです。
ただし、配合量が1％以下の成分は好きな順で表示できるので、
アピールしたい成分から前に並べて表示されていることが多いです。

成分表示は、メーカーの隠れたアピール場所なのです。
ちなみに、医薬部外品は有効成分と表示指定成分以外の表示義務はありません。
でも、ほとんどのメーカーは、業界団体（日本化粧品工業連合会など）の
自主基準により、全成分を掲載しています。
なお、医薬部外品は「有効成分」と「その他成分」にわけて
記載する必要があります。

みなさんからよくいただく質問に答えてみました。
参考になると嬉しいです。

Q&A

Q マスクをつけているときに肌をきれいに保つコツを教えてください。

［にったんさん］

A マスク内は湿度が高く、角層がふやけてバリア機能が低下しやすいです。また、マスク内の温度が上がることで皮脂が増えたり、逆にマスクに皮脂が吸い取られて少なくなったりするなどというこれまでとは違う環境にさらされて、肌トラブルが増えています。肌の土台であるバリア機能を正常にするために、洗顔やクレンジングはやさしく、保湿はしっかりすることを心がけましょう。特に乾燥や摩擦が気になるところは乳液やクリームを重ねづけするといいでしょう。

Q アルコール消毒で、手が荒れます。どうしたらいいでしょうか？

［木村さん］

A マスクと同様に頻度が高くなった手洗いや手のアルコール消毒。手荒れを防ぐには、めんどうですがこまめにクリームを塗るしかありません。ハンドクリームには水ベースのものとオイルベースのものがあり、うるおいを逃さない力が強いオイルベースのものがおすすめです。また、オイルベースのものには水を弾く撥水性の働きもあります。「消毒したら、クリームを塗る」をセットにして習慣づけるといいですね。

すべてではありませんが、化粧品によく入っている成分をピックアップしてみました。
まずは自分が使っている化粧品の成分表示を少しだけでも確認してみましょう。
このほかにも、日焼け止めによく入っている成分は133ページ、
悩み別の成分は162ページに紹介しているのであわせて見てみてくださいね。

	特徴など
	水性保湿成分を溶かす基材。スキンケア化粧品、洗浄料の大部分を占める。
	蒸発して清涼感や浸透感を与える。水に難溶性の成分を溶かす働きもある。
	ポリオールとよばれる汎用保湿成分。保湿力が高い。ヒアルロン酸との併用で保湿効果が向上する。
	ポリオールとよばれる汎用保湿成分。グリセリンに比べるとさっぱりとした感触。植物エキスの溶剤として最もよく使われている。
	ポリオールとよばれる汎用保湿成分。
	ポリオールとよばれる保湿成分。主にパラベンフリー化粧品の防腐補助成分として使われる。
	高分子保湿成分として汎用されている。ポリエチレングリコールとも言われる。数字の大きさが増えるほど分子量が増える。
	炭化水素油。サラッとした感触。サメ由来、サトウキビ由来などがある。皮脂中のスクワレンと似ているが、より酸化されにくい構造をもつ。
	エステル油。クレンジングのメイクなじみ成分としても汎用される。
	炭化水素油。ベビーオイルやクレンジングのメイクなじみ成分としても汎用される。
	シリコーンオイル。日焼け止めのベース成分やクリームの消泡成分としても使われる。サラッとした感触。
	シリコーンオイル。日焼け止めのベース成分やクリームの感触調整として使われる。分子量の違いでさまざまな感触がある。
	植物由来の油性成分。植物由来では珍しいエステル油であり、適度な保湿感とエモリエント感がある。
	合成の油性成分で、トリグリセリド。クレンジングのメイクなじみ成分やクリームのエモリエント成分としてよく使われる。
	リン脂質。レシチンに水素を添加して安定化した成分。細胞膜成分と類似しており肌なじみがよい。クリーム等の乳化剤やリポソームのカプセル成分としても使われる。

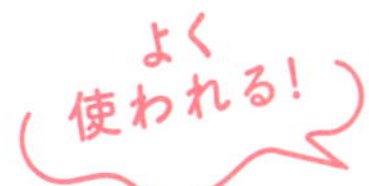

主な成分と目的

	成分表示名	目的
ベース成分	**水性成分**	
	水	ベース
	エタノール	清涼感、抗菌、植物エキスの溶剤
	グリセリン	保湿
	BG	保湿、植物エキスの溶剤
	DPG	保湿
	ペンチレングリコール	保湿、防腐補助
	PEG-8、PEG-32、PEG-75など	保湿
	油性成分	
	スクワラン	エモリエント、感触調整
	パルミチン酸エチルヘキシル	エモリエント、感触調整
	ミネラルオイル	エモリエント、感触調整
	シクロペンタシロキサン	ベース、感触改善
	ジメチコン	感触改善
	ホホバ種子油	エモリエント、感触調整
	トリ（カプリル酸/カプリン酸）グリセリル	保湿、感触改善
	水添レシチン	保湿、乳化

	特徴など
	ヤシ油（ココナッツオイル）由来の脂肪酸に、アミノ酸の1種であるグルタミン酸とトリエタノールアミンを結合したアニオン界面活性剤。マイルドなシャンプーの洗浄成分として汎用される。
	ヤシ油（ココナッツオイル）由来の脂肪酸に、メチルタウリンNaを結合したアニオン性界面活性剤。マイルドなシャンプーや洗顔フォームの洗浄成分として汎用されている。皮脂は落として、細胞間脂質は落とさない選択洗浄性がある。
	ラウリン酸にPEGを2〜3つと硫酸Naを結合したアニオン性界面活性剤。シャンプーの洗浄成分として汎用されている。泡立ちに優れる。ラウリル流酸Naより分子量が大きく安全性を向上している。
	脂肪酸の1種であるステアリン酸を水酸化Na（水酸化K）で中和したアニオン性界面活性剤。弱アルカリ性。石けんと呼ばれる。弾力性のある泡が作れる。
	脂肪酸の1種であるラウリン酸を水酸化Na（水酸化K）で中和した界面活性剤。弱アルカリ性。石けんと呼ばれる。ボリュームのある泡を作れる。
	種々の脂肪酸を水酸化Kで中和した石けんをメインとする混合物。弱アルカリ性。
	非イオン性界面活性剤。オイルクレンジング等のすすぎ性向上に汎用される。
	非イオン性界面活性剤。化粧水への香料の可溶化剤や、乳液等の乳化剤として汎用される。
	陽イオン性界面活性剤。コンディショナーに汎用される。
	高分子保湿成分。塗布時ののび向上。保湿効果が高く、グリセリンとの併用効果もある。微生物発酵などから作られる。
	ピロリドンカルボン酸塩。角層細胞中の天然保湿因子として重要な保湿成分。
	高分子保湿成分。魚類由来が主に使われる。
	ヒトに存在するセラミドの1種。皮膚から水分の蒸発を防ぐ角層細胞間脂質として働いている。
	ヒトに存在するセラミドの1種。皮膚から水分の蒸発を防ぐ角層細胞間脂質として働いている。
	合成高分子。オールインワンゲルや乳液などに汎用されみずみずしい感触を作り出す。
	ターンオーバー異常を改善し肌荒れを抑制する。
	持続的な抗酸化作用がある。毛穴の目立ちの改善効果などもある。

	成分表示名	目的
	界面活性剤	
	ココイルグルタミン酸TEA	洗浄、起泡
	ココイルメチルタウリンNa	洗浄、起泡
	ラウレス硫酸Na	洗浄、起泡
	ステアリン酸Na、ステアリン酸K	洗浄、起泡
	ラウリン酸Na、ラウリン酸K	洗浄、起泡
	カリ含有石ケン素地、 カリウム含有石けん用素地	洗浄、起泡
	トリイソステアリン酸PEG-20グリセリル	洗浄
	ポリソルベート80	洗浄、可溶化
	ベヘントリモニウムクロリド	毛髪ケア
その他成分	ヒアルロン酸Na	保湿
	PCA-Na	保湿
	水溶性コラーゲン	保湿
	セラミドNG、セラミド2	保湿
	セラミドAP、セラミド6	保湿
	カルボマー	粘度調整
	グリシルグリシン	毛穴改善
	フラーレン	抗酸化、美白、毛穴改善

特徴など
海外ではニキビの治療薬として使われる。ターンオーバー異常の抑制、抗炎症、抗菌効果が報告されている。
微生物から作られる。とろみをつける成分で化粧水や乳液などに汎用される。
高分子のパウダー成分。さらさら感を付与し、日焼け止めやメイクアップ品の感触改良として汎用される。
赤、黄、黒の酸化鉄があり、ミネラルコスメの着色料としても使われる。
清涼感を付与する。シャンプーや育毛トニック、メンズコスメに汎用される。
クエン酸Naとあわせて配合され、緩衝作用により製品のpHを安定化する。
ビタミンEのこと。製品の酸化防止剤として使われる。
製品を劣化させる金属イオンを捕捉して安定化する。
精油の1種。精油の中では安価。
精油の1種。精油の中では非常に高価である。
さまざまな化学成分をブレンドして作られた香料。精油を混ぜることもある。
パラベンフリー化粧品によく使われる防腐補助成分。
化粧水等に汎用される防腐剤。世界的に最も広く長く使われている。
化粧水等に汎用される防腐剤。世界的に広く使われている。

	成分表示名	目的
その他成分	アゼライン酸	皮脂抑制、ニキビ予防、抗菌
	キサンタンガム	粘度調整
	メタクリル酸メチルクロスポリマー	粉体、感触調整
	酸化鉄	着色料
	メントール	清涼感
	クエン酸	pH調整
	トコフェロール	抗酸化剤
	EDTA-2Na	キレート剤(安定化)
	ラベンダー油	香料
	ダマスクバラ花油	香料
	香料	香料
	エチルヘキシルグリセリン	防腐補助
	メチルパラベン	防腐
	フェノキシエタノール	防腐

アイテムの組み合わせとして、この成分が入っている商品とこの成分が入っている商品は相性がいい、悪いなどありますか？

［ゆまさん］

A 「水性美容成分＋油性成分配合化粧品」「光に弱い成分＋日焼け止め」などは、相性がいいと思います。

水に溶けやすい成分は油分が近くにいると逃げ出したくなります。たとえば、ビタミンCは水に溶けやすい成分なので、ビタミンC配合化粧水を塗布して、そのあとに油分を含むオイルやクリームを塗布すると、ビタミンCは油から逃げるようにして角層に浸透しやすくなることが考えられます。

また、エイジングケアの成分として有名なレチノールは紫外線で分解されやすいので、それを防ぐために日焼け止めとの組み合わせが推奨されます。

相性が悪い組み合わせについては、絶対気にしなければならないというほどNGというものはありませんが、メーカーによっては成分の組み合わせガイドがあるので参考にしてみるといいですね。

第 2 章

洗顔は美肌への近道！

「正しい洗顔はタダで美肌になれる一番かんたんな方法です」
と第1章でお伝えしましたが、ではどのようにすればいいのでしょうか?
第2章では、美肌に近づくため私が正しいと考える洗顔方法と考え方
をお伝えします。

1 手をきれいにする

手に汚れがあると、洗顔料の泡立ちが悪くなります。
まずは、ハンドソープなどで手をさっと洗いましょう。

2 メイクを落とす

クレンジングを肌にのせる

たっぷりのクレンジングをやさしくメイクとなじませます。
この時間の目安は30秒~1分。汚れが気になるところはていねいにくるくると。

ぬるま湯ですすぐ

たっぷりのぬるま湯でやさしくすすぎましょう。ぬるぬる感がなくなってからも
10回はすすぎたいです。ダブル洗顔不要の場合は、④水分を取る、へ。

顔をぬるま湯で濡らす

洗顔料に含まれる界面活性剤が肌に吸着しにくくなり、
刺激を減らすことにつながります。その結果、すすぎも少しラクに。

自分の肌にあわせて、微調整することも大切です。
あなたの肌と相談しながら、あなただけのベスト洗顔を育てましょう。

正しい洗顔方法

3

洗顔料で顔を洗う

洗顔料をよく泡立てる

使っている商品の説明に従った使用量をまずは守り、濃密な泡を手（もしくは泡立てネット）で作ります。

泡で顔を洗う

皮脂が多いTゾーンや鼻、次に乾燥しやすいほほに泡をのせましょう。肌をこすらず、泡をくるくるするイメージで洗います。泡をのせている時間はなるべく短く、まずは10秒くらいからはじめましょう。

たっぷりのぬるま湯ですすぐ

ぬるぬる感がなくなってからも、さらに10回くらいすすぐといいですね。フェイスラインはすすぎ残しやすいので、これでもかというくらいすすぎましょう。

4

水分を取る

顔をやさしくおさえて水分を吸い取るイメージです。タオルにある雑菌に、敏感肌の人は反応してしまうこともあるのでキッチンペーパーなどを使ってもOK。

次は保湿へ！

皮脂が多い場合は洗顔料を多めに使ったり、泡をのせている時間を少しだけ長くしたり、メイクが落ちにくくこすってしまう場合は、クレンジングを替えてみたり。

024

洗顔は「悪い皮脂」を落とすことが目的

洗顔／考え方／成分

皮脂のなかでも、**肌のうるおいを守るいい皮脂とニキビや肌荒れの原因になる悪い皮脂**があります。

洗顔の目的は**悪い皮脂汚れを落とすこと**。

悪い皮脂にはニキビや肌荒れの原因となる**トリグリセリド、スクワレン、オレイン酸**などがあります。

この悪い皮脂だけを落とすことがポイント。

そのために、洗い方がとても重要になるのです。

025

クレンジングは30秒、洗顔料は10秒

洗顔／クレンジング

洗顔料などを長時間肌にのせていると、悪い皮脂だけでなくいい皮脂（細胞間脂質）も落ちてしまい、刺激によるトラブルや肌のうるおい不足につながります。

洗顔は手早く行うことが鉄則。

私が推奨する時間の目安は
クレンジングだと30秒、洗顔料だと10秒！

これは、それぞれを肌にのせている時間の目安。

もちろんメイクの濃さ、皮脂や汚れの程度によって変わるので、長すぎる時間をかけるのはNG、は忘れずに都度調整してみてくださいね。

026

すすぎ残しは肌荒れのもと

洗顔／成分

クレンジングや洗顔料を肌にのせている時間は短めに、とお伝えしましたが、すすぎは別。**すすぎが甘いと肌に界面活性剤が残り、肌荒れにつながります。**

これは顔だけでなく、体全体にもいえること（シャンプーのすすぎ残しが背中の肌荒れの原因にも）。

顔では、特にフェイスライン**のこめかみあたり、あごの下**などがすすぎ残しの多いゾーン。めんどうですが、**ぬめりがなくなっても10回くらいすすぐ**といいでしょう。

顔を拭く前にすすぎ残しがないか、鏡でチェックしましょう。

027

キッチンペーパーで吸い取るくらいがちょうどいい

洗顔／考え方

洗顔は、最後に顔を拭くまでが洗顔です。**イメージは「顔を拭く」ではなく「水分を吸い取る」**。タオルで**肌をこすらず、やさしく肌に押しあてる**ように使ってください。

タオルがあまり水を吸わないと感じるなら、それは柔軟剤のせいかも。柔軟剤は水吸いを悪くしてしまうのです。

洗濯のときの使用量を見直しましょう。タオルの雑菌が気になる方はキッチンペーパーを使うのもおすすめです。

028

いい洗顔料は洗い上がりがつっぱらない

洗顔／成分／選び方

いい洗顔料は使う人によって異なります。**洗い上がりのあなたの肌がつっぱらない、乾燥しないものがあなたにとってベスト**です。迷ったら、まずは「**アミノ酸系**」や「**弱酸性**」**を訴求した洗顔料**を選びましょう。使ってみて汚れ落ちが悪い、ベタつきが残るなどの不調を感じる場合は、「石けん系洗顔料」を使ってみましょう。

私は洗顔料のつっぱりや乾燥感を評価するときは、洗顔後、5分間は何も保湿せずに肌の状態を観察しています。

029

洗顔料に美容成分はいりません

洗顔／成分／選び方／保湿

「**○○エキス配合！**」などと書かれていると、肌によさそうだと感じませんか？

スキンケア製品に美容成分を配合すること自体はいいことです。長期的にみてお肌にいい作用をもたらすことが期待できます。

しかし、**洗顔料の場合は特定の成分をのぞいて、汚れと一緒に洗い流されてしまいます。**

美容成分は保湿のステップで取り入れるのが私は正解だと思います。

030

クレンジングは赤ちゃんを洗うように

クレンジング／考え方／乾燥

肌が乾燥してるかもという方はクレンジング方法をちょっと見直してみましょう。

ポイントはメイクなじみのいいクレンジングを使い、こすらず手早く洗うこと。

赤ちゃんの肌を洗うようなイメージです。汚れが気になる部分だけは薬指でやさしくくるくるしてください。

長く洗いすぎると鼻のキワなどに赤みが出てくるので、目安は顔全体で30秒～1分間です。すすぎは、ちょっと冷たいくらいのぬるま湯でしっかり行い、余分な界面活性剤や油分をなるべく除去しましょう。

031

クレンジングの量は3プッシュ以上

クレンジング／考え方

クレンジングの使用量が少ないと、指と肌との間で摩擦が起こり、肌にダメージを与えます。

特に高いクレンジングを使うときは「**もったいない……**」と少量になりがち。

オイルクレンジングだと、3プッシュか4プッシュが推奨されている使用量の目安です。

正しい量をケチることなく使える商品選び、つまり、自分のお財布にあうものを選ぶことも美肌になるためには大切なんですね。

032

乾燥が気になるなら「ダブル洗顔不要」のクレンジングを

クレンジング／選び方／乾燥

クレンジングでも、肌を**できる限りこすらず、負担なく日焼け止めやメイクを落とせる**ことが一番大切。

洗顔の回数が多いほど、肌の負担が増えます。そのため、乾燥肌なら一度に洗浄が終わる「ダブル洗顔不要タイプ」のクレンジングがおすすめです。

なかでも、オイルの配合量が多い「オイルクレンジング」は、メイクや皮脂汚れがしっかり落とせますし、メイクなじみも早いものが多いので、クレンジングを肌に接触させている時間を短くすることができます。

これまでのオイルクレンジングは、すすぎのときに油分が残るため、洗顔料を使ったダブル洗顔が必須だったのですが、最近はさっぱりすすげる「ダブル洗顔不要」な商品も多くなりました。

ただし、ダブル洗顔をした方が肌の調子が上がる人は、洗顔料もしっかり泡立てて使ってくださいね。

033

成分表示を見ると オイルクレンジングの 洗浄力がわかる

クレンジング／選び方／成分

絶対ではありませんが、オイルクレンジングの洗浄力を見わける方法があります。

見わけるポイントは2つ。

商品に記載されている成分表示を見てみましょう。

水性成分と油性成分、どちらが前に書かれているでしょうか？

油性成分が前に記載されている方が洗浄力の高いものが多いです。

次にそのオイルの表記名を見てみましょう。

イソドデカンや**イソノナン**といった名前に**「イソ」**とつくもの。

また、**パルミチン酸エチルヘキシル**、**エチルヘキサン酸セチル**のように、「エチル」「ヘキシル」や、「エチル」「ヘキサン酸」といった2つの成分がくっついて1つになっている成分は**「分岐型」といって、メイクなじみがいいオイルです。**

たとえば、高価なクレンジングオイルなど、購入を迷うときもあるでしょう。

そんなときは一度成分表示を見ると、失敗が減るかもしれません。

034

クレンジングと洗顔のベストタイミング

クレンジング／洗顔／肌のしくみ

肌がふやけた状態は肌のバリア機能が低下している状態です。

そんなときにクレンジングや洗顔をするのは肌のバリア機能を損ないやすく、うるおいも逃しやすいと考えます。

お風呂に入ってしばらくすると、蒸気で肌がふやけ、成分の刺激を感じやすくなったり、乾燥の原因になったりします。

クレンジングや洗顔はお風呂に入ってすぐ、もしくは入る前がおすすめです。

035

お湯が熱すぎると うるおいが逃げる

洗顔 ／ 肌のしくみ ／ 見極めポイント

少し肌寒い朝。

温か～いお湯で洗顔していませんか？

お湯の温度が熱すぎると、お肌のうるおいが逃げることがわかっています。

洗顔はなるべく**「冷たいお湯」**で。

ただし、冷たすぎると汚れが落ちにくくなってしまうため、水ではなくぬるま湯がベスト。

肌にふれたときに「ちょっと冷たいかな？」と思うくらいの温度が目安です。

界面活性剤って何？　悪い成分？
実は、化粧品には欠かせない成分です。
正しく知って、
仲良く付き合っていきましょう。

界面活性剤のはなし

「界面活性剤」は洗顔料では洗浄成分として配合される、欠かせない成分。もちろん、洗顔料以外の化粧品、乳液やクリームなどにも入っています。

専門的に説明すると、構造のなかに水になじむ親水性部分（親水基）と水になじまない親油性部分（親油基）の両方を持ちます。

洗顔料での界面活性剤は界面活性剤の親油基が皮脂やメイク汚れなどの油性汚れをくるっと取り囲み、水になじむようにして水と一緒に汚れが洗い流せるようになる、というしくみで働いています。

肌への摩擦を減らす洗顔料の泡立ちも、界面活性剤によるもの。

ただ、洗浄系の界面活性剤は肌に残っているとトラブルのもとに。しっかり洗い流しましょう。

他の化粧品では、クリームでは水と油を混ぜる乳化剤、日焼け止めでは紫外線防御剤を安定に配合させる分散剤、化粧水に香料を溶解させる可溶化剤などとして配合されています。

036

皮脂汚れをしっかり落としてくれる脂肪酸ラ・ミ・パ・ス

洗顔／成分／見極めポイント

石けん系の界面活性剤は洗浄力が高く、泡立ちもよく、さっぱりとした洗い上がりが特徴で、皮脂が気になる方におすすめです。

ちなみに、石けんは脂肪酸と水酸化カリウムなどが結びついた化合物。

脂肪酸には代表的な4つの成分があり、「**ラウリン酸**」「**ミリスチン酸**」「**パルミチン酸**」「**ステアリン酸**」がよく使われます。

頭文字の「ラ・ミ・パ・ス」で覚えましょう。

成分表示は「ラウリン酸K」のように表示されたり、「ラウリン酸、水酸化K」のようにわけて表示されることもあります。

脂肪酸は皮脂汚れをスッキリ落としてくれますが、肌に残るとトラブルのもとに。

なかでも、ラウリン酸は泡立ちをよくする働きがあり、値段に関係なくさまざまな洗顔料に配合されています。ただ、皮膚刺激とは異なるピリピリした感覚刺激「スティンギング刺激」が起こりやすいことが知られています。敏感肌や乾燥肌の人、洗顔料でピリピリしたことがある人はラウリン酸を配合していない商品を試してみるといいでしょう。

037

乾燥肌には アミノ酸系洗顔料が おすすめ

洗顔／成分／乾燥

アミノ酸系洗顔料とは、アミノ酸を含む「アミノ酸系界面活性剤」を主成分としているもの。ただし、化粧水などに保湿成分として配合される「アミノ酸」とはまた別のものです。**洗浄力がマイルドで肌のうるおいが流出しにくい**のが特徴。**乾燥が気になる方によい**ですね。**皮膚への刺激も少ないので、お肌にやさしい**と考えられています。ただ、泡立ちが弱く、洗い上がりがヌルつきがちという面も。**○○アスパラギン酸Na**、**○○グルタミン酸TEA**、**○○タウリンNa**など、アミノ酸の名前を含む界面活性剤が目印です。

038

拭き取りタイプのメイク落としはこすりすぎない

クレンジング ／ 考え方 ／ 肌悩み

拭き取りタイプのローションクレンジングはオイルを含まずに界面活性剤のみでメイクを落とす処方が多いです。

手軽さが魅力ですが、洗浄力が弱めです。メイクが落ちにくい場合に、力を入れてゴシゴシこすらないように注意してください。

拭き取りタイプはライトメイクを落とすときや、疲れてすぐ寝たいときなどに、上手に活用しましょう。

摩擦が強いと、肌のバリア機能が乱れ、炎症や乾燥を引き起すので、たっぷり使って摩擦感を減らしましょう。

039

泡は刺激から肌を守る壁

洗顔／成分／考え方

洗顔料はよく泡立ててから使いましょう。**泡のボリュームを多くすることは、それだけ界面活性剤の濃度を薄くすることです。**界面活性剤は、洗顔料に欠かせない成分ですが、肌へ刺激を与える成分でもあります。また、泡を肌の上で滑らせて洗うことで、手と肌の摩擦をなるべく少なくする役割も。つまり、よく泡立てることは肌への刺激を減らすことにつながるんですね。

泡立てが苦手な人は泡立てネットを使ってしっかりと泡立てましょう。

040

泡は自分で作らず ポンプにおまかせ

洗顔／選び方

ポンプを押すと泡の状態で出てくる泡洗顔。泡立て不要のため、忙しい私たちの味方です。私は特に時間のない朝に活用しています。ポンプタイプの泡洗顔は成分だけでなく、ワンプッシュでどれくらい泡が出るのか、ポンプの押しやすさはどうかなど、ぜひ**容器の使いやすさにも注目して選んでみてください！**他の洗顔料と比べて、成分として劣ることはないので好みで選んでみてくださいね。

041

朝洗顔は水だけでOK？

洗顔／乾燥／肌タイプ

朝の洗顔は、洗顔フォームを使う派ですか？それとも、使わない派ですか？

私が行ったアンケート調査によると、水（またはぬるま湯）だけ洗顔で肌状態が改善した人はアトピー・敏感肌で37％、乾燥肌の人が34％、普通肌＆混合肌は24％、オイリー肌は19％でした。

水だけ洗顔の有効性は肌の質で異なり、乾燥肌の人に有効な人が多かったです。**皮脂が多い時期や夜のスキンケアで油分をたくさん塗る方は洗顔料を使うなど、肌の質にあわせて調整しましょう。**

N＝2719／2020年8月、You Tube視聴者によるオンラインアンケート調査

042

角栓除去のコツは毛穴をやわらかくすること

角栓／洗顔

角栓などの毛穴汚れを落とすコツは、**洗顔の前に蒸気で毛穴をやわらかくすることです。**

蒸しタオルが手軽でおすすめです。

〈かんたんな蒸しタオルの作り方〉

①フェイスタオルを濡らし、軽く絞る。

②500Wの電子レンジで1分温める。

③手で持てるぐらい冷めたら、火傷をしないように顔にのせ、3分待つ。

刺激を感じやすい状態でもあるので、1〜2週間に1回を目安に、毛穴汚れで悩んでいる方は試してみてください。

みなさんからよくいただく質問に答えてみました。
参考になると嬉しいです。

Q 低価格と高価格のスキンケア商品では基剤の質に違いがあるのでしょうか？

［White Zagoraさん］

A 基剤（ベース成分）は、同じ化粧品表示名称であっても、臭いや不純物などグレードが違うものがあり、原料の価格も変わってきます。また、基剤以外にも、美容成分のよりよい組み合わせや、浸透処方の設計、香りのよさなど各社の最先端の研究が盛り込まれるのは高価格帯の化粧品です。同じメーカーで同じジャンルのアイテムがあれば、期待値はやはり高価格帯の方が高いと考えます。

Q 年齢肌のお手入れで最低限使ってほしいアイテムは何ですか？多いとお金も時間も必要なので、なるべく少ないアイテムですませたいです。

［ひめちゃんさん］

A シンプルケアで最低限使いたいアイテムは、日焼け止め、美容液、クリームです。紫外線を防ぎ、保湿、美容成分を肌に与えてあげることが大切です。特に年齢を重ねると皮脂が少なくなるので、油分補給は大切。肌がごわついたり、くすんできたりもするので、プラスαで取り入れるなら、レチノールやピーリング等によってターンオーバーを促進させるといいと思います。

第 3 章

「保湿」はとにかくとっても大事！

最強の保湿

正しい知識を身につけて、
自分にあう保湿を見つけられたら
それは「最強の保湿」といっていいのではないでしょうか？
保湿は、あらゆる肌トラブルを予防する
基本のステップです。
だから、保湿をしないと将来のあなたのお肌は
ボロボロになってしまうかもしれません。

「保湿」は未来の自分への投資です。

いつまでも健康的で美しいあなたを作るのは

私でもなく、化粧品でもなく、友達でもなく、

ネットの口コミでもありません。

あなたです。

あなたの持つ知識と選択、毎日のスキンケア時間。

それが近い未来と遠い未来の美肌を作ります。

043

保湿と角層のしくみ

保湿 ／ 肌のしくみ

「保湿」とは肌から水分が蒸発するのを防ぐことです。

肌は「皮脂膜」「天然保湿因子（ＮＭＦ）」「細胞間脂質」によって水分をたくわえ、うるおい、柔軟性を与えています。

しかし、洗顔やターンオーバーの異常などでこれらのバランスが乱れると、肌が水分をたくわえることが難しくなり、乾燥や肌荒れなどのトラブルを引き起こします。

そのため、化粧水などで保湿成分や油性成分などを補給してケアしてあげる必要があるのです。

角層のしくみ

21ページで「肌のしくみ」を紹介しましたが、
化粧品の多くが作用する
「角層(角質層)」の詳しいしくみと役割を紹介します。

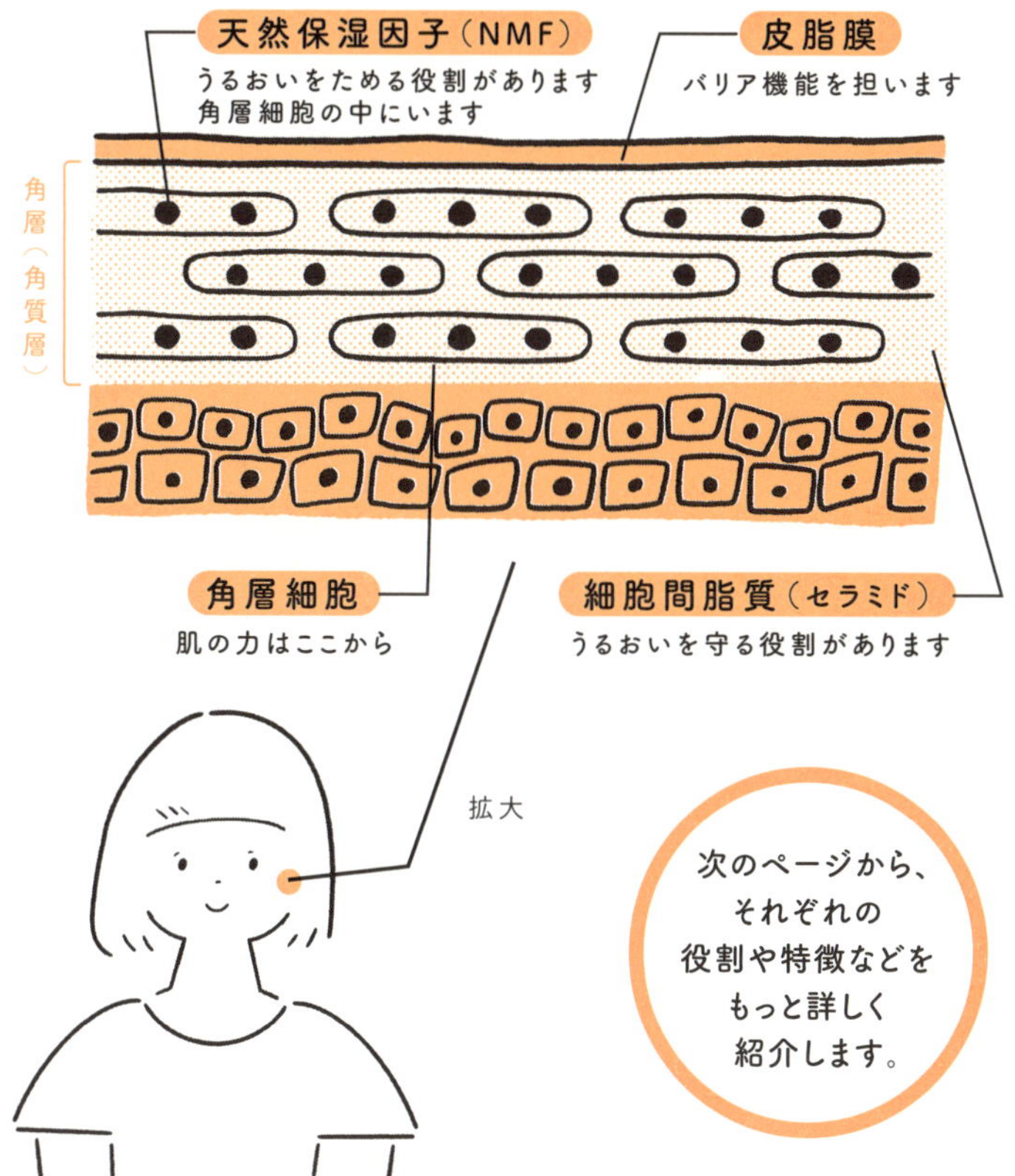

次のページから、
それぞれの
役割や特徴などを
もっと詳しく
紹介します。

044

「NMF（天然保湿因子）」とは

保湿／肌のしくみ／成分

角層細胞のなかには「NMF（天然保湿因子）」とよばれる水溶性の保湿成分があります。**肌のうるおいを増やすにはこのNMFを増やすことが必要です。**

NMFの成分は**アミノ酸類、PCA塩、乳酸塩、尿素**など。タンパク質が分解されて作られ、洗顔などで流出しやすい特徴を持ちます。アトピー体質の方はNMFが少ないことも報告されています。

NMFを増やしたり、保つために

①食事でタンパク質をしっかりとる

②やさしい洗顔を心がける

この2つを心がけましょう。

045

「細胞間脂質」とは

保湿／成分／洗顔

角層にたくわえたうるおいが蒸発しないよう守るのが「細胞間脂質」です。

肌が持つ水分保持力に重要な働きをします。細胞間脂質の主な成分は**セラミド**、ほかには**脂肪酸**、**コレステロール**など。

洗顔や加齢によっても失われ、**セラミドの減少は乾燥肌の原因に**。アトピー体質の方もセラミドは少ないといわれています。

セラミドを増やす化粧品成分は、**ライスパワーNo．11**、**セラミド**や**ナイアシンアミド**などです。グルコシルセラミド配合のサプリメントもいいといわれています。

046

肌のミルフィーユ「ラメラ構造」とは

保湿／成分／乾燥肌

細胞間脂質の主な成分であるセラミドは、油になじみやすい親油基と水になじみやすい親水基を持つため、セラミドたちが規則正しく配列します。すると、油っぽい層と水っぽい層ができ、重なりあいミルフィーユのような構造になります。このミルフィーユのことを**「ラメラ構造」**とよびます。**この水っぽい層に水分をガッチリ保持するのです。**セラミドが保湿に大切といわれる理由がここにあります。

ラメラ構造は紫外線や特定の界面活性剤により乱れることも報告されています。

047

「皮脂膜」とは

成分／肌のしくみ／保湿

皮脂膜は角層の表面をおおう、天然の保護膜です。皮脂と汗が混ざりあってできており、水分の蒸発を防ぎ、うるおいを保ちます。この皮脂膜は**スクワレン**や**トリグリセリド**という成分を含むため、酸化すると肌荒れを起こしたり、ニキビ菌のエサになったりします。**大切なのですが、1日の終わりにはよく洗わなければなりません。**化粧品に配合される油溶性の保湿成分は、肌の表面で皮脂膜の代わりの働きをしてくれます。

048

「バリア機能」が弱まると敏感肌になる

保湿／肌のしくみ／敏感肌／乾燥

お肌には「バリア機能」という、お肌のうるおいを保ち、外的刺激からお肌を守る機能が備わっています。

敏感肌を引き起こすのはこのバリア機能の低下が原因の1つ。

バリア機能は**洗顔や紫外線、空気の乾燥**（エアコンや冬場の空気など）、**睡眠不足やターンオーバーの乱れ**などが原因で低下し、肌の水分が蒸発しやすくなり、乾燥を引き起こします。また、肌が刺激を感じやすくなることもわかっています。

保湿をしっかりしつつ、健康的な生活を心がけましょう。

049

「保湿成分」で肌をととのえる

保湿／成分／選び方

「保湿」とは「肌の水分（湿度）を保持すること」ですが、「保湿成分」は、2種類が存在します。

①一時的な保湿をする成分。

②肌が本来持つ保湿機能を改善する成分。

どちらも、大事ですが**②保湿機能を改善する成分**が入っている化粧品を選ぶのが、よりおすすめです。

保湿の手順は、化粧水で水性保湿成分を補い、油性保湿成分が含まれる乳液やクリームで蒸発を防ぐというやり方が、おすすめです。乾燥が気になる場合は、何回か重ねづけをするのもいいでしょう。

050

足りない水分や油分を補うのが「一時的な」保湿成分

保湿／成分

前の項目で紹介した**一時的な保湿成分**とはどんな成分でしょうか？

たとえば、ベース成分でもある**グリセリン**や**BG**、**ヒアルロン酸Na**などの水性保湿成分です。水分とゆるく結合して保湿します。

油性保湿成分は**ワセリン**、**ミネラルオイル**、**オリーブ種子油**など。これらは皮脂膜の代わりとなって、水分の蒸発を防いでくれます。

051

「肌の力を改善する」保湿成分とは？

保湿／成分

肌本来の力を改善する保湿成分とは**角層細胞や細胞間脂質そのものに働きかけ、補強したり、産生自体をうながしたりする成分のことです。**

この作用を持つ成分は「**イザヨイバラエキス**」「**ユーカリエキス**」「**ナイアシンアミド**」「**セラミド**」「**ヘパリン類似物質**」「**ライスパワーNo．11**」などがありますが、医薬部外品の有効成分として認められているのは「**ヘパリン類似物質**」と「**ライスパワーNo．11**」だけです。

052

「化粧水だけ」より「乳液だけ」がおすすめ

保湿／成分／選び方

肌のターンオーバーの異常や、バリア機能の低下は肌荒れや敏感肌などあらゆるトラブルのもとになると考えられています。

これらの異常やトラブルをなくし、**肌を正しい状態に保つために「保湿」をする必要があります。**

きちんと保湿をするためには、水性成分と油性成分の両方をバランスよく肌に塗る必要があります。だから、化粧水、乳液、とステップを踏むことが多いのですね。

オイリー肌の方や皮脂が多い男性は、乳液やクリームなどがベタベタして苦手、と化粧水しかつけてないという人もいるでしょう。

ところが、化粧水には保湿に大切な油性成分や美容成分が配合しにくいです。

また、肌の柔軟性を上げるには、**水性保湿成分**、**油性保湿成分**、**水**の3つが含まれるといいという報告もされています。

そのため、かんたんにすませたい場合は、**「化粧水だけ」よりも油性成分を多少含む、「乳液だけ」や、オールインワンジェルがおすすめ**です。

これらには、水溶性と油溶性の保湿成分がバランスよく含まれているからです。

053

残念な化粧水の使い方

保湿／肌のしくみ／考え方

化粧水を使うとき、正しい使用量は守れていますか？

少なすぎるのはもちろんダメですが、**たくさん使ったからといって保湿力が高まるわけではないので、もったいないです。**

たくさん使うと化粧品に含まれる水分によって一時的に肌の水分量は上がります。

でもその水分はすぐに蒸発してしまいます。

パッケージなどに記載されている使用量をよく見て正しく使うのが、一番コスパがいいおすすめの使い方です。

化粧水は手でつけるべき？　コットンでつけるべき？

「手でつけた方が肌に浸透する」
「コットンの方がムラなくつけられる」
いろいろ説はありますが、手とコットン、どちらがいいのでしょうか。

正解は一長一短。

ある報告によれば、コットンを使った方が一時的な角層水分量は上がります（1時間後には手でつけたときと同じになりますが）。
なので、メイク前の化粧ノリアップには効果的といえるでしょう。
また、目のキワや鼻など凹凸部分にも塗布しやすいです。
一方で、手でつけると肌の異常に早く気づくことができたり、
手でゆっくりと塗布する動作がリラックスにつながったり、
摩擦になりにくいなどのいいポイントもあります。
どちらにしても強くこすったり、叩き込む動作はやめておきましょう。

054

油分は部位ごとに量を調整する

保湿／乾燥／選び方

化粧水と違って、**乳液やクリームなどの油分は部位によってつける量を調整するといいと思います。**

たとえば、Tゾーン。皮脂が出やすいので、男性など人によっては少なめに。

一方、ほほなど乾燥しやすい部分はしっかり塗った方がいいです。

油分の量は、乳液よりクリームの方が多いので、オイリー肌の人はさっぱりめの乳液、乾燥肌の人はこってりめのクリーム、など肌にあわせて選んでくださいね。

055

保湿成分は角層までしか届きません！

保湿／肌のしくみ／見極めポイント

化粧品に含まれる保湿成分は基本的には角層までしか届きません！

広告で「肌の奥まで浸透する」という表現がありますが、よくよく見ると「肌の奥＝角層」という注釈が小さく入っています。

角層とは肌の一番外側にある層のこと。だまされた気分になるかもしれませんが、**角層は肌のうるおいを保ち、外的刺激から肌を守るバリア機能を持つ大切な部分。**

角層をいい状態にすることが重要なのです。

056

セラミドを産生する「ライスパワーNo.11」

保湿／成分／肌のしくみ

細胞間脂質の機能であるうるおいを逃さない「水分保持機能」。

ライスパワーNo.11は医薬部外品の効能として「皮膚水分保持機能の改善」が認められた唯一の成分（2021年3月時点）**です！**

細胞間脂質の主な成分であるセラミドの産生をうながすことで、水分保持機能を改善します。

米由来の成分で、勇心酒造という原料メーカーの独自成分になります。勇心酒造の自社ブランドのほか、さまざまなメーカーがこの原料を配合した化粧品を製品化しています。

057

セラミドは「ヒト型」タイプを選ぶ！

保湿／成分／選び方

細胞間脂質の主な成分である「セラミド」は化粧品の成分としても存在します。大きくわけると、**角層に存在するセラミドと同じ構造である「ヒト型構造」**と、**異なる構造である「類似構造」**の2つ。**選ぶなら「ヒト型」がおすすめです。**

ヒト型セラミドはさらに、**植物由来、発酵由来、合成由来**などさまざまで、「セラミド1」や「セラミドAP」などのように「**セラミド＋英数字**（たとえば1、2、3、NP、AP）」という風に成分表示がされます。

058

乾燥肌の救世主「ヘパリン類似物質」

保湿／成分／肌のしくみ

ヒルドイド®という医薬品をご存じですか？皮膚科などで処方される保湿剤です。**そのヒルドイドに含まれる有効成分がヘパリン類似物質。**

乾燥に対して高い効果があるとされる成分です。

角層細胞にあるNMF（天然保湿因子）の産生をうながし、お肌のうるおいをたくわえる力を高めるだけではなく、細胞間脂質のラメラ構造の乱れを整えることで、乾燥を改善するといわれています。

最近は日常使いできる医薬部外品も登場したので、乾燥が気になる方におすすめです。

059

ワセリンは皮脂膜の代わりをしてくれる

保湿／成分

ワセリンは水分の蒸発を防ぎ、皮脂膜の代わりとして働く優れた保湿成分。

原料はなんと石油です。石油と聞くとよくない印象を受けるかもしれませんが、現在は肌に刺激のある不純物は製造過程でほとんど取り除かれます。白い方が純度が高いといわれていますが、いわゆる白色ワセリンよりも純度が高いものもあり、病院などでも使用されています。

060

古い角層を拭き取る「拭き取り化粧水」

肌悩み／くすみ／見極めポイント

拭き取り化粧水では本来はがれるはずだったのにはがれず、肌にたまった**古い角層を取り除く**ことができます。

肌のごわつきや、くすみが気になる場合には取り入れましょう。

ただし、こすることによる摩擦のダメージは心配です。

使うときは**コットンにたっぷり**つけて、ゴシゴシせずに**やさしく拭き取りましょう**。

061

朝晩違うアイテムを使うのもあり！

化粧品／考え方

化粧品は、毎日同じアイテムを使い続けなければならない決まりがあるものではありません。

メイクをする朝は油分が少ないものを使い、そのぶん夜はリッチなものを……という考え方もあり！ ただし、効き目を実感するためには、肌のターンオーバー期間である1カ月前後は継続してみましょう。

肌の調子は気温や体調によって変わるもの。そのときの自分にあった化粧品を選んで使うといいと思います。

062

オールインワンタイプで毎日続ける

保湿／考え方／成分

「スキンケアがめんどくさい」

「忙しくて時間がない」

そんな方の心強い味方がオールインワンタイプの製品です。

乳液と同じように、水溶性の保湿成分と油溶性の美容成分がバランスよく含まれているので1本で保湿が完結します。油分が少ないものが多く、みずみずしい感触なので、ベタつきが苦手な方やオイリー肌の方に特におすすめできます。

保湿は続けることが大事。

自分が続けやすいこと、これも化粧品選びの大切なポイントです。

みなさんからよくいただく質問に答えてみました。
参考になると嬉しいです。

Q オイルを最初に塗るスキンケアについて質問です。オイルを先に塗ると水分（化粧水）が入っていかないように思うのですが、実際どうなのでしょうか？

［えびさん］

A 確かに、オイルを多量に使うと油膜ができ、水分や水性保湿成分が浸透しにくくなりますので、推奨量をよく守りましょう。基本は1～2滴程度が多いです。また、種類によっても水のなじみやすさが異なるオイルがあります。たとえば、オリーブ種子油やホホバ種子油などは極性（電子の偏り）があるため、ワセリンやミネラルオイルなどの非極性油に比べて水になじみやすいです。そのため、先に塗る場合に使うオイルは「極性がある」タイプを少量使うのがいいでしょう。

Q 外国の方は、化粧水は使用しないそうですが、化粧水は省いてもよいアイテムなのですか？

［かおりさん］

A 欧米は日本と水の質や気候が異なり、その影響からか基本的なスキンケアも異なるといわれています。海外の方法をそのまま取り入れても、水の質や気候が異なるため思ったようにはならないかもしれない、ということは覚えておいてほしいと思います。

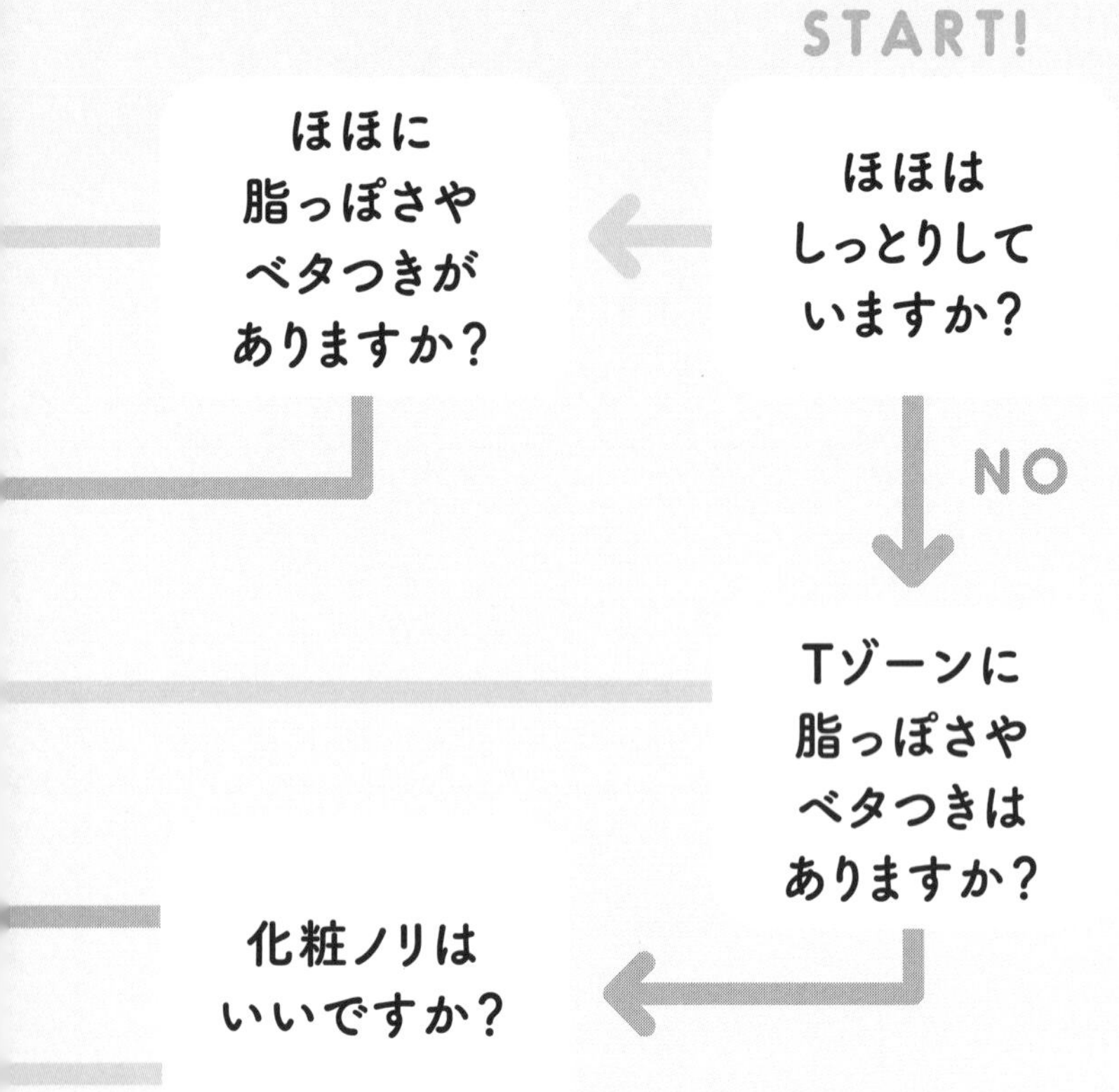

START!

ほほは
しっとりして
いますか？

NO

ほほに
脂っぽさや
ベタつきが
ありますか？

Tゾーンに
脂っぽさや
ベタつきは
ありますか？

化粧ノリは
いいですか？

あなたの肌は何タイプ？

私たちの肌は4つのタイプにわけることができます。
肌のタイプによって、スキンケアでやった方がいいこと、
日々の暮らしのなかで気をつけた方がいいことが少しだけあります。
まずは自分がどんな肌をしているかを知りましょう。
肌タイプは一度決めたらずっと同じということはありません。
季節や体調、年齢でも変わりますので
こまめにチェックするのがおすすめです。

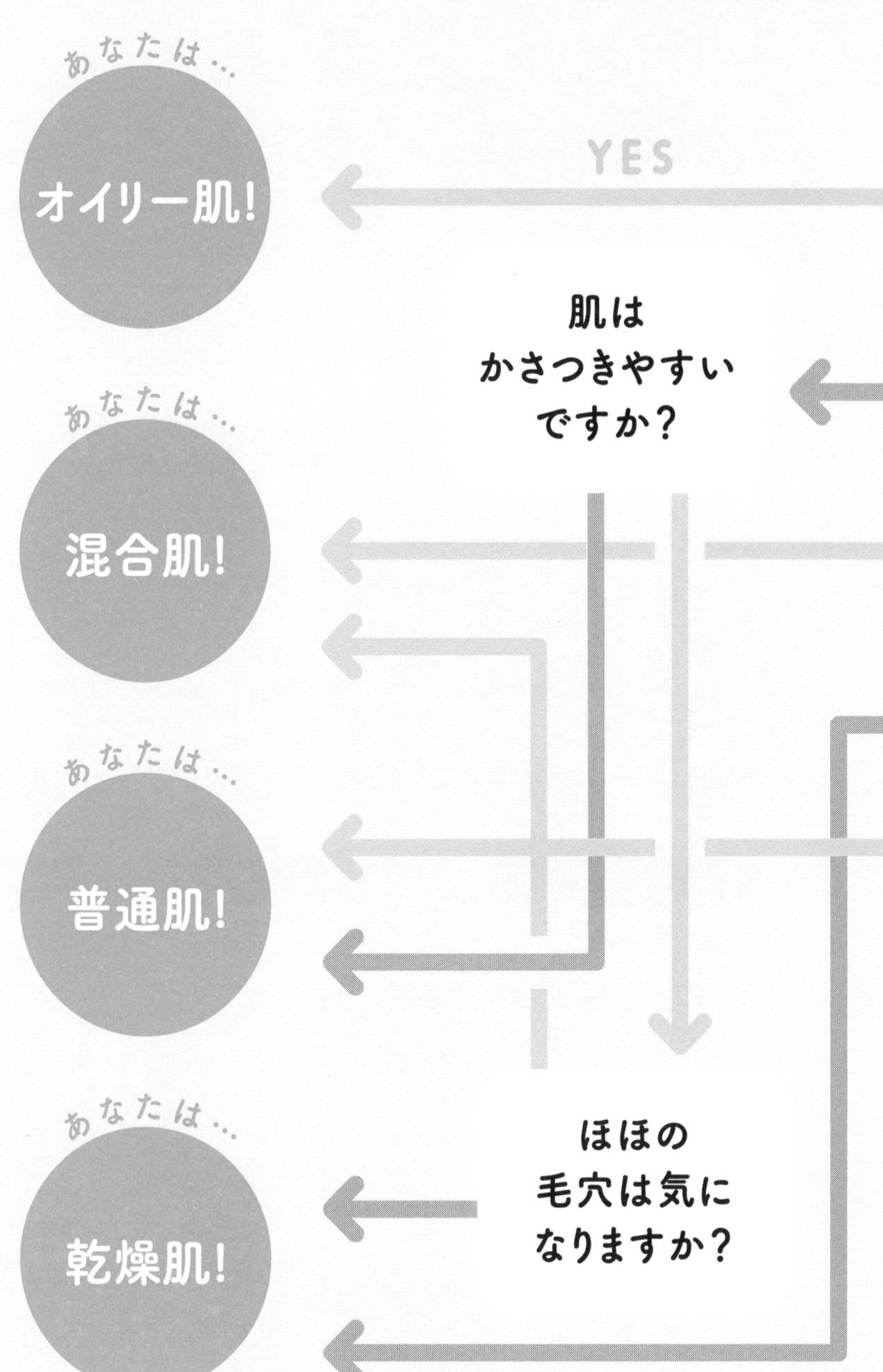

肌タイプ別のスキンケアのコツは、次のページへ！

スキンケアのコツ

混合肌

乾燥とベタつき
両方がやっかい…！

混合肌はこんな肌

- 角層の水分量は少ない
- 皮脂は多い
- 毛穴が大きめ
- 毛穴がつまりやすい
- 化粧崩れしやすい
- 肌がザラザラして
吹き出物ができやすい

ケアのコツ

- 部分ごとに違う化粧品を使ったり、量を調整したりする
- 乾燥しやすい部分は洗いすぎ注意
- 脂っぽい部分は洗顔料でしっかり洗う
- ほほやあごは乾燥しやすいので油分を補う

オイリー肌

皮脂のバランスを
整えましょう！

オイリー肌はこんな肌

- 角層の水分量は多い
- 皮脂は多い
- キメが粗く見える
- 毛穴が大きめ
- 化粧崩れしやすい
- 脂浮きしやすく、
肌荒れしがち

ケアのコツ

- 皮脂をしっかり落とす
- 油分の多い化粧品を避ける
- ベタつくからと保湿しないのはNG。油分が多い化粧品を控え、化粧水やジェル、乳液などの水性保湿成分メインで保湿を
- ニキビができにくい（※）商品もおすすめ

※ノンコメドジェニック試験済みと記載された商品

肌タイプ別

乾燥肌

顔の洗いすぎに注意しよう

乾燥肌はこんな肌

- 角層の水分量は少ない
- 皮脂は少ない
- キメが細かい
- 毛穴が小さい
- 化粧崩れしにくい
- 乾いていてカサカサする
- かゆみトラブルがある

ケアのコツ

- 洗顔やクレンジングをやさしく
- 朝はぬるま湯洗顔もいいでしょう
- 冬の乾燥、夏のエアコンなど肌が乾燥する環境に気をつける
- 加湿器を使うのもおすすめ
- クリームやオイルで油分を補うことを意識

普通肌

目指すべきは普通肌！

普通肌はこんな肌

- 角層の水分量は多い
- 皮脂は少ない
- キメが細かい
- 毛穴が目立たない
- 季節によって、乾いたりテカりが出たりする
- ツヤ・ハリがある

ケアのコツ

- そのままのケアでＯＫ！
- 季節によるゆらぎに気をつける
- 洗顔で洗いすぎないように気をつける

みなさんからよくいただく質問に答えてみました。
参考になると嬉しいです。

Q

オールインワンよりも、「化粧水→美容液→乳液→クリーム」の順番で使った方がいいですか？ 「オールインワン＝ラク」だけどステップ使いには劣るってイメージがあります。

［ゆぴぴのぴさん］

A オールインワン製品はみずみずしい感触ながら、油分や美容成分も補給できるアイテムです。オイリー肌の人に向いていると思います。ただ、油分の配合量が少ない傾向があるため、保湿が物足りないと感じる場合は、質問のように「化粧水→美容液→乳液→クリーム」などの順番に塗る、ステップ使いの方がいいでしょう。

Q

「肌断食」についてどう思いますか？

［たそさん］

A 「肌断食」は、バリア機能が低下し、肌トラブルがある方が、一時的に試す価値はあると思います。ただし、肌の保護のためにも、ワセリンなどの「シンプル保湿」と「洗顔で落としやすい日焼け止めはつけること」をおすすめしたいと考えています。また、洗顔やクレンジングは完全にやめるのではなく、ダブル洗顔をやめたり、洗浄しやすいライトメイクに変えたり、マイルドな洗浄力の洗顔やクレンジングに変更したりすることなどがいいでしょう。完全にやめてしまうと皮脂汚れが残り、肌トラブルの原因になる可能性があります。

第 4 章

日焼け止めで お肌を守る!

063

日焼け止めは365日使ってください

紫外線ケア／考え方／シワ／たるみ

①日焼け止めを塗る
②帽子・日傘などで物理的にさえぎる

肌を紫外線から守る方法はこの2つ。

「夏はしっかり両方で対策しています！」という方もいますが、夏だけでは不十分。肌にダメージを与える紫外線は、**冬も雨の日も曇りの日も「毎日」降り注いでいます。**

しかも、上からだけでなく、地面からの照り返しや反射で、あらゆる方向から。さらに、シワやたるみに関わる「UV－A」は窓ガラスも通過してきます。まずは365日、日焼け止めを塗る。できれば首や手にも塗りましょう。

064

究極のエイジングケア美容液は日焼け止め

肌のしくみ ／ 紫外線ケア ／ シワ

人間の肌は、紫外線、特に「UV－A」を浴びると肌の奥の線維芽細胞にダメージを受けます。すると、線維芽細胞は肌の弾力のもと「コラーゲン」「エラスチン」「ヒアルロン酸」をうまく作れなくなってしまい、深いシワの原因に。

紫外線を浴びる＝深いシワ（治りにくい！）

ほかにも、紫外線による肌への悪影響がたくさんあります。

毎日、日焼け止めを塗る（プチプラでもOK）、これが一番コスパのいい美肌術なのです。

065

必要量の6割しか塗れていない!?

紫外線ケア／日焼け止め

日焼け止めは使用量をきちんと守らないと、表示された数値の働きが発揮できません。

製品への表示を決めるSPF測定時は、日焼け止めを2㎎／㎠塗布します。

ある報告では、SPF測定時の6割ぐらいしか塗れていない方が多く、大きな個人差もあるとのことでした。

使っている日焼け止めのパッケージを見て、書かれている量をしっかり塗りましょう。記載がない場合はSPF測定時と同じ2㎎／㎠（顔の大きさにもよりますがだいたい0.6〜0.8g）、を目安にしましょう。

顔に塗る
日焼け止めの量
（2㎎／㎠）の目安
やわらかい
日焼け止めは
1円玉2個分
かための
日焼け止めは
パール粒2個分
思っているより
多いですよね

066

日焼け止めは5点おきで塗りたい

紫外線ケア／日焼け止め

日焼け止めは、**手のひらでなく指先で**少しずつ、**おでこ・鼻・左のほほ・右のほほ・あご**、と部位ごとにムラにならないように塗りましょう。

手のひらに広げてドバッと塗ると、必要な量の一部が手に取られてしまうので、指先で。

とはいえ、この塗り方はあくまで理想。**時間がないときは、手のひらに広げてから顔全体にざっと塗ってもかまいません。**めんどうで塗らなくなるよりは、日焼け止めを塗ることを習慣づける方が大切です。

067

SPF50でも塗り直しは必須

紫外線ケア ／ 日焼け止め ／ 選び方

どんなに強い日焼け止めでも、こまめな塗り直しは必要。日焼け止めは汗や水、服やマスクとのこすれなどで徐々に落ちてしまうのです。

本当は、2〜3時間おきに塗り直すのが理想。ただ、メイクの上から塗り直すのは大変ですよね。**塗り直し用にはスティックやパウダーの日焼け止め**が便利です。

なるべく塗り直し回数を減らしたい、とにかく焼けたくない！ そんなときは落ちにくい**ウォータープルーフタイプ**がいいでしょう。

日焼け止めはどのくらい落ちる？

日焼け止めはこすれなどで落ちるといわれますが、実際どのくらい落ちているのか、特殊カメラを使って実験してみました。

左：日焼け止め塗布直後
右：日焼け塗布3時間後

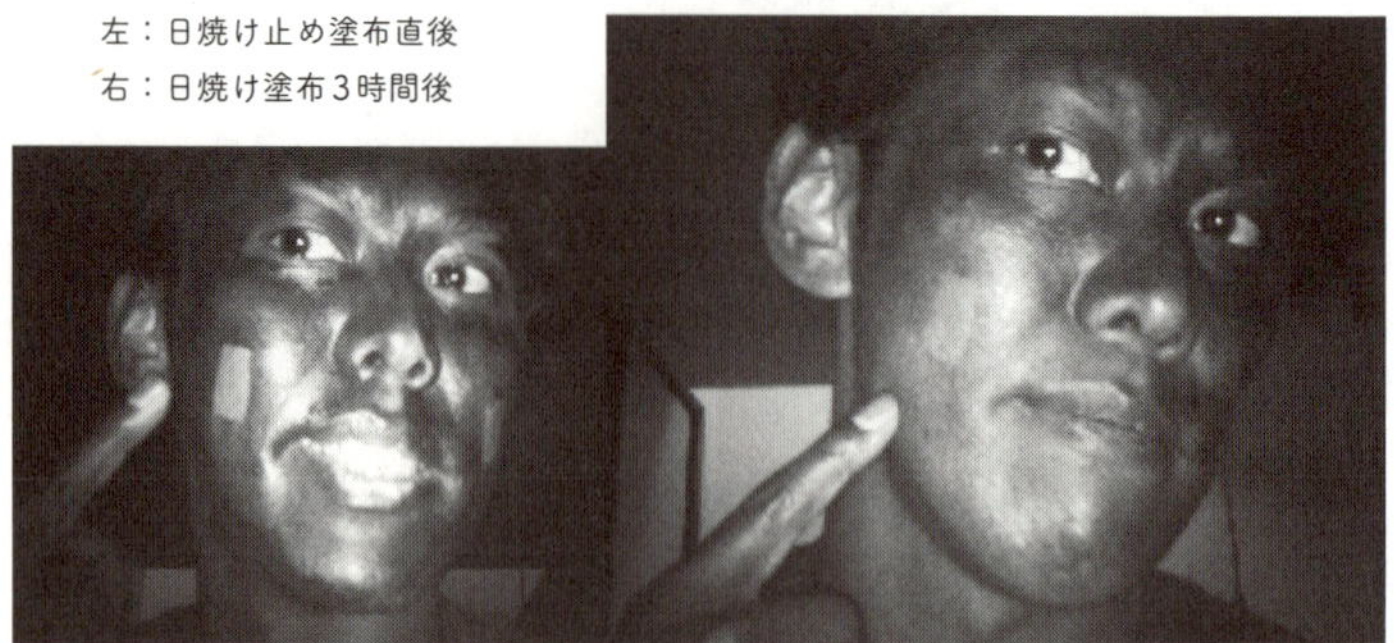

日焼け止め：市販ウォータープルーフ日焼け止め、SPF50+、PA++++
カメラ：nurugo Smart UV、UV Lamp

顔全体に日焼け止めを塗り、撮影をしました。

特殊カメラでは、日焼け止め塗布部分が黒く見えます。

左の写真でよく見える白色の四角は日焼け止め無塗布部分の肌です。


保育園の送りで10分ほど不織布マスクをしましたが、それ以外の時間はマスクをつけず、家でデスクワークをしていました。約3時間後、もう一度特殊カメラで撮影をしてみました。

顔全体に塗った日焼け止め塗布部分の黒色が薄く無塗布の白色に近づいています。日焼け止めが落ちていることがわかります。汗はかいていなかったのですが、無意識に手で触ったりしているのでしょう。


マスクのこすれでもさらに落ちることが想定されますので、やはり日焼け止めの塗り直しは必要だろうと思います。

また、紫外線は、マスクも通過するといわれていますので、日焼け止めはマスクをつけるときもしっかり顔全体に塗りましょう。

068

日焼け止めの使用期限

化粧品のしくみ ／ 日焼け止め ／ 見極めポイント

化粧品の使用期限は特に記載がない限り、製造後、未開封・常温保存で3年が保証されています。ただ、開封後の基準はありません。私の品質安定性試験の経験からお伝えすると、開封後も1年は使えるものがほとんどです。ただし見た目や臭いなどに異常を感じたら、使用を中止しましょう。

特に日焼け止めの場合は、**以前は白浮きしなかったのに、白浮きするようになったとか、白色の乳液だったのに黄色になっている**などの変化が見られた場合は、成分が変化している可能性があるので、使用を中止した方がいいです。

069

日焼け止めの落としやすさを見極める

日焼け止めのしくみ ／ 見極めポイント

日焼け止めの処方は大きくわけると2つ。1つが**水ベース**、もう1つが**シリコーンベース**。石けんで落としやすいものは水ベースです。水ベースかどうかを見極めるのは実はかんたんです。

①日焼け止めを手に取る
②水をたらす
③混ぜる

水が弾かれず、均一に混ざれば（ダマになることもあります）**水ベースなので、落としやすいといえます。**

油膜ができて水が混ざらなければシリコーンベースです。

070

日焼け止めは ベースによって 落とし方を変える

日焼け止め ／ 洗顔

日焼け止めはベースによって、落としやすさが異なります。

ジェルタイプなどの**水ベースの日焼け止めは落ちやすいので石けん**で、使用する前によく振る**シリコーンベースのタイプは落ちにくいのでメイク落としを使う**のがおすすめです。

もし完全に落ちていないと感じても、何度も洗浄するのは肌への負担となります。

多少残っていても、タオル、寝具のこすれや、ターンオーバーによってはがれるので、そこまで気にしなくてもいいと私は思います。体の日焼け止めをメイク落としできっちり落とすのは大変ですしね。

071

日焼け止めが落とせているか確認する裏技

日焼け止めのしくみ／見極めポイント／成分

日焼け止めがキチンと落とせているのか、見ただけではなかなか判断がつきません。

確認の目安となる裏技があります。

泡で出てくるタイプの洗顔料の泡を肌にのせて、シュワシュワと泡が消える場合は日焼け止めが肌に残っています。

日焼け止めに含まれるシリコーン（シクロペンタシロキサン、ジメチコン等）は泡を消す作用があるのです。日焼け止めを塗った後、泡ハンドソープで手を洗うとき、泡が妙に早く消えることがありますよね。

072

紫外線は「UV-A」と「UV-B」の2種類

紫外線のしくみ ／ 肌悩み ／ シワ ／ たるみ

太陽光に含まれる紫外線のうち、肌にダメージを与える紫外線は「UV－A」と「UV－B」の2種類があります。

「UV－A」は生活紫外線とよばれ、肌が黒くなったり、シワやたるみの原因になります。「UV－B」はレジャー紫外線とよばれ、表皮に作用し、赤みやヒリヒリの原因になります。

それぞれの紫外線に対する防御指数がPAとSPFという値として表示されています。

073

シワの原因「UV-A」を防ぐ「PA」

（「PA」は「Protection Grade of UV-A」の略）

紫外線のしくみ ／ 日焼け止めのしくみ ／ シワ ／ たるみ

紫外線のなかで特に気をつけたいのが**光老化を起こす「UV-A」**。窓ガラスも通過します。メラニン色素の合成を増やして**シミが目立つ原因**になったり、肌の弾力に関わる線維芽細胞にダメージを与え、コラーゲンやヒアルロン酸の産生低下、分解促進などが起こり、**肌のたるみやシワの原因**となります。

PAは4段階の＋マークによってその強さが表現されています。

＋が2つなら1に比べて強さが2倍、3つなら2と比べてその倍と倍々になっていきます。日常使いなら＋が2つもあれば十分です。

074

肌の炎症を引き起こす「UV-B」を防ぐ「SPF」

（「SPF」は「Sun Protection Factor」の略）

紫外線のしくみ ／ 日焼け止めのしくみ ／ ニキビ ／ 肌荒れ

「UV－B」は波長が短く、真皮にはほとんど到達しませんが、**サンバーン**（表皮まで到達し、火傷をしたような炎症）、**サンタン**（メラニン色素が沈着して黒くなる）、**シミ、そばかすの原因**になります。また、皮脂を増やしたり酸化させたりして、**肌荒れやニキビの原因**にもなります。

「SPF」は、2～50＋までの数値で強さが表されます。真夏の太陽で10分で焼けてしまう人なら、SPF30で300分（＝5時間）はUV防御できるというイメージ。ただ実際はこすれたり汗をかいたりするので、表示された数値よりももう少し弱いと考えられます。

075

日焼け止めの選び方

日焼け止め／選び方

日焼け止めの種類によって紫外線を防ぐ力や使用感が異なります。**紫外線を防ぐ力が強いものは、洗浄しにくく、使用感も悪くなりがち。**なので、利用シーンによって使い分けるのがおすすめです。

個人的には**日常使いならSPF30以上、PA++以上**で感触がいいもの、炎天下の海や山登りなど**紫外線の強い場所ならSPF50以上、PA++++**で、スーパーウォータープルーフという選び方をするといいでしょう。

076

紫外線を防ぐ2つの成分

日焼け止めのしくみ ／ 成分

日焼け止めに入っている紫外線を防ぐ成分は**「紫外線吸収剤」**と**「紫外線散乱剤」**の2つ。

「紫外線吸収剤」は、紫外線そのものを吸収し、そのエネルギーを熱として放出することで防ぎます。代表的な紫外線吸収剤は**メトキシケイヒ酸エチルヘキシル**。

「紫外線散乱剤」は物理的に紫外線を散乱、遮断し紫外線を防ぎます。代表的な紫外線散乱剤は**酸化チタン**、**酸化亜鉛**です。

多くの日焼け止めはこの2つの成分をバランスよく配合して作られています。

いずれも肌への刺激、使用感に違いがあるので好みのものを見つけてください。

077

「ノンケミカル」とは紫外線吸収剤が入っていないということ

日焼け止めのしくみ ／ 成分 ／ 選び方

「紫外線吸収剤」を使うと使用感がいい日焼け止めが作りやすく、白浮きしないなどのメリットがある一方で、人によって肌への刺激があることもあります。

そのため、「紫外線散乱剤」だけで作られた、**「ノンケミカル処方」**とよばれる日焼け止めも人気です。

「ノンケミカル」と聞くと肌によさそうな印象がありますが、**刺激リスクが少なくても、白浮きしやすかったり、きしんだ感触がするなどのデメリットもあります。**

ちなみに白浮きしやすい成分は、紫外線散乱剤の「酸化チタン」です。

刺激に弱いお子さんや紫外線吸収剤があわない方がノンケミカル処方の日焼け止めを選ぶのはひとつの手です。

ただ、特に紫外線吸収剤にトラブルがない方なら紫外線吸収剤を避ける必要はないと考えます。

毎日、気持ちよく続けられる使用感の日焼け止めを選びましょう。

078

日焼け止めの白いポロポロの原因は？

日焼け止めのしくみ ／ 成分 ／ 化粧品のしくみ

日焼け止めを塗るとたまに出てくる白いポロポロ。この原因は自分の肌ではなく、日焼け止めと化粧品の相性の問題です。日焼け止めに含まれる酸化チタンや酸化亜鉛などの粉体成分と化粧品に含まれる高分子が混ざると起こることがあります。

日焼け止めと化粧品を同じブランドでそろえてみる、日焼け止めを紫外線吸収剤が多く含まれるものに替える、乳液やジェルではなくクリームなどに替えるなどを試してみるといいと思います。

主な紫外線防止成分

	成分表示名	特徴など
紫外線吸収剤	メトキシケイヒ酸エチルヘキシル	油性成分。主にUV-Bを吸収して紫外線を防ぐ。
	オクトクリレン	油性成分。主にUV-Bを吸収して紫外線を防ぐ。
	ビスエチルヘキシルオキシフェノールメトキシフェニルトリアジン	油性成分。UV-BとUV-Aを吸収して紫外線を防ぐ。
	ジエチルアミノヒドロキシベンゾイル安息香酸ヘキシル	油性成分。主にUV-Aを吸収して紫外線を防ぐ。
紫外線散乱剤	酸化チタン	粉体。主にUV-Bを散乱して紫外線を防ぐ。白浮きを防ぐため、大きさや形状に工夫が施される。
	酸化亜鉛	粉体。主にUV-Aを散乱して紫外線を防ぐ。酸化チタンに比べて白浮きしにくい。皮脂崩れを防ぐ働きもある。

Q&A

Q 20代で絶対しておいた方がいいスキンケア方法や美容を教えてください！

〔まるちさん〕

A 将来の肌に差がつくのは、いかに紫外線を防げたかにかかっていると思います。なので、帽子や日焼け止めなどでしっかり紫外線をブロックしてあげましょう。

みなさんからよくいただく質問に答えてみました。
参考になると嬉しいです。

Q&A

Q

SPFやPAの数値が書かれている化粧下地やファンデーションを使う場合は日焼け止めを塗らなくてもいい？

［佐藤さん］

A 日焼け止めの表示されている数値通りに紫外線を防ぎたい場合は、116ページのように思っているより多くの日焼け止めを塗る必要があります。それは、ファンデーションや下地でも同じです。つまり、ファンデーションだけでしっかり紫外線ケアすると、かなり厚塗りになってしまうことが想定されます。下地やファンデーションの厚塗りを避けて紫外線ケアをしっかりするならば、やはり日焼け止めも塗った方がいいと思います。

Q

体の日焼け止めを塗り直すとき、毎回一度落としてから塗った方が肌にはやさしいですか？それとも、上から塗り重ねた方がいいでしょうか？

［はななんさん］

A 塗り直しのときに毎回落としていると、洗浄による肌への負担があるので、そのまま上から塗り重ねる方がいいと考えます。

第 5 章

お悩み別の美容と成分

シワの種類と原因

シワは3種類。**「乾燥シワ」「表情ジワ」「光老化によるシワ」**です。

原因は6種類、それぞれにあわせた対策があります。

（1）乾燥→**保湿**。

（2）表情→シワができやすい表情のクセをなおす（眉間のシワなど）。

（3）紫外線（特にUV-A）→**日焼け止めや日傘・帽子**など。

（4）女性ホルモン「エストロゲン」の低下→「大豆イソフラボン」などを食品から摂取。摂取量は1日30mgまで。

（5）たばこ→吸わない。

（6）近赤外線→近赤外線カットの日焼け止め、メガネなど。

乾燥が原因のシワは浅く、いわゆる小ジワ。化粧品で少しなんとかすることが可能です。**「乾燥による小ジワを目立たなくする」**と書かれた製品がシワ試験（※）をクリアしているのでおすすめ。

深いシワは「シワ改善」有効成分が含まれた医薬部外品で。

※日本香粧品学会「化粧品機能評価法ガイドライン」内、「新規効能取得のための抗シワ製品評価ガイドライン」にのっとった試験のこと。

079

シワを「改善」できるのは3つの成分だけ

シワ／成分

シワに関連するクリームや美容液はたくさんありますが、シワ改善を訴求できる**有効成分はニールワン、レチノール、ナイアシンアミドの3つだけ**。

「乾燥による小ジワを目立たなくする」という効果試験をクリアしている商品もありますが、乾燥による浅いシワがターゲットで、「シワ改善」とは異なります。

080

見た目にもわかりやすい「レチノール」

シワ／くすみ／成分

「レチノール」はビタミンAの一種で、シワ改善の有効成分ですが、使用感としてはヒリヒリとした刺激、赤み、皮むけなどを感じる場合もあります。

シワ改善だけでなく、ターンオーバー促進でも有名で、肌のトーンアップやくすみ改善も見込める成分。

シワ改善のしくみとしては表皮の「ヒアルロン酸」産生をうながし、肌の水分量UP、真皮のコラーゲンの密度を高めることで肌の弾力UPが期待できる、ということ。

表皮と真皮の両方に働きかけることで、見た目にもわかりやすい成分です。

081

美白効果もある「ナイアシンアミド」

シワ／美白／成分

「ナイアシンアミド」は「メラニンの生成を抑え、シミ・そばかすを防ぐ」という美白の有効成分として、以前から使用されてきたビタミン系の成分です。

「シワ改善」の有効成分としても認められていますが、「シワ改善」については**詳細なメカニズムなどがまだ公表されていません。**昔から使われてきた成分なので、安全性が高いのと、価格も安いので初めて使うシワケア製品としておすすめです。

082

日本初のシワ改善成分「ニールワン®」

シワ／成分／日本初

2016年に日本で初めてシワ改善効果があると認められたPOLAの独自成分です。**「ニールワン」は4つのアミノ酸誘導体からなる成分で「好中球エラスターゼ」の動きの邪魔をします。**「好中球エラスターゼ」は肌の弾力のもとになる、エラスチンを分解してしまう酵素です。**「エラスチンの分解＝肌の弾力低下」**はシワの大きな原因のひとつ。「ニールワン」は水分に溶けてから働きはじめるので、必ず保湿をしてから使います。シワを作りたくない場所に塗り続けましょう。

083

「たるみ」唯一の対策は紫外線ケア

たるみ／肌のしくみ／紫外線ケア

皮膚は表皮、真皮、皮下組織の３つからなり立っています。（詳しくは21ページ）

たるみの主な原因は真皮の劣化です。

真皮にあるコラーゲンやエラスチンといった、肌の弾力を生み出す細胞がダメージをうけることで肌のたるみを引き起こします。

残念ながら皮膚の深いところの話のため、化粧品でたるみを改善するのは難しいです。

現状では、肌の老化をなるべく遅らせるしかありません。

肌の老化を進めないように、紫外線ケアでたるみを予防しましょう。

毛穴悩みの状況
（すみしょう調べ）

毛穴悩みについて、YouTubeを見てくださっているみなさんに
アンケートを取ったことがあります。多くの方に回答をいただいた結果、
年代によって毛穴悩みの種類が違うことがわかりました。
毛穴の黒ずみが気になるという方は若ければ若いほど多く、
10代に一番多いです。
逆に年齢を重ねると気になってくるのが毛穴の開きでした。
毛穴の悩み別に原因と対策をまとめ、
詳しく説明していますので自分の悩みにあった項目を確認してみてください。
いくつになっても毛穴の悩みは、つきないものなんですね……。

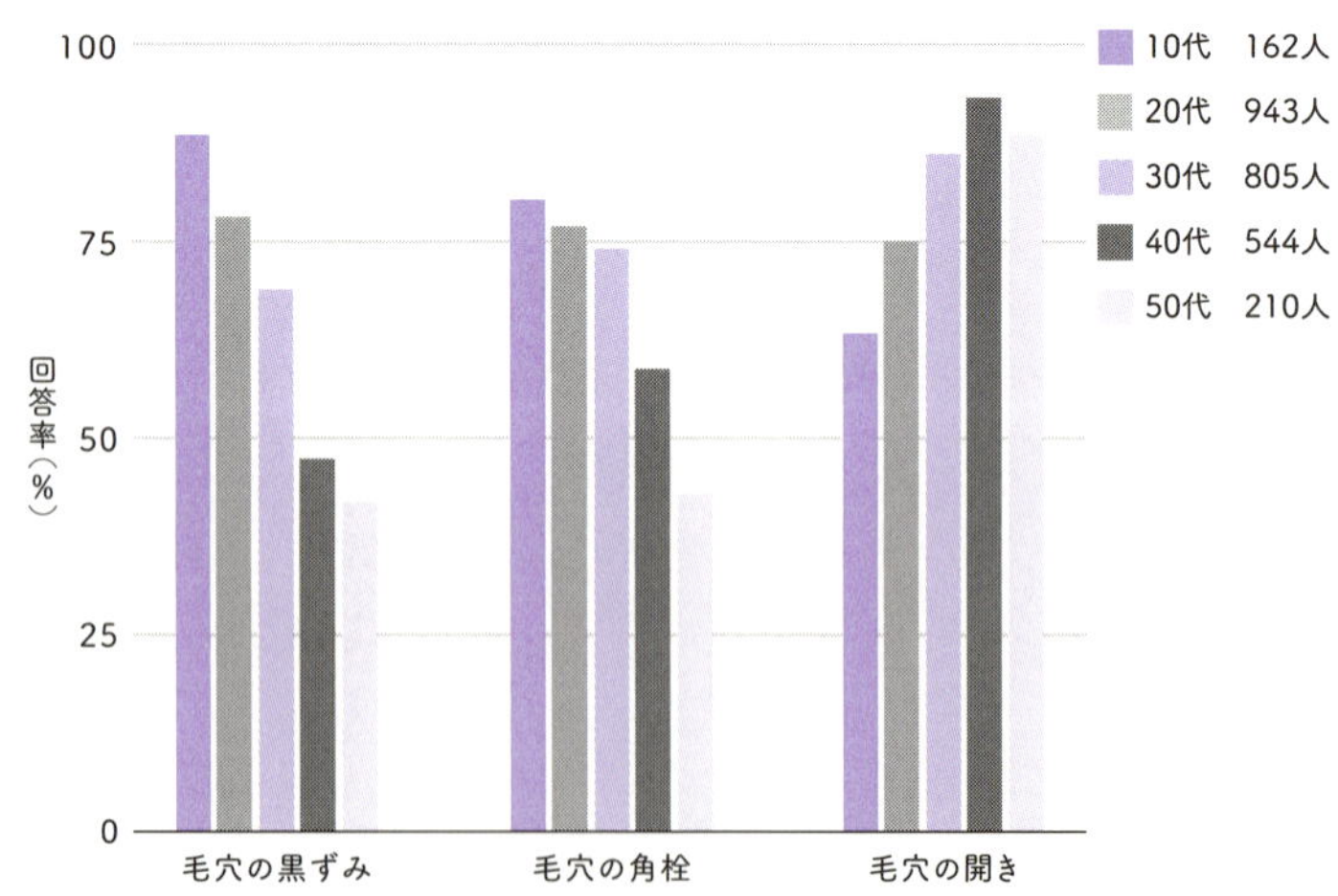

※N＝2664／2020年2月、YouTubeチャンネル「すみしょう」視聴者によるオンラインアンケートより。

	黒ずみ毛穴	角栓毛穴 （つまり毛穴）	開き毛穴 （すり鉢・たるみ）
どんな状態？	毛穴が黒ずんで見える	皮脂や角栓が多くて、毛穴が目立って見える	［すり鉢］毛穴の入り口がすり鉢状に開いている ［たるみ］毛穴が重力に負けて縦にのびている
気になる年代	年齢が若いほど気になる	年齢が若いほど気になる	年齢が上がるほど気になる
原因	角栓の中にある産毛、毛穴の影、色素沈着（メラニン）	角層（タンパク質）、皮脂、内毛根鞘（毛の根元にある透明なもの）	［すり鉢］ 皮脂（オレイン酸等）による炎症とターンオーバーの異常 ［たるみ］ 加齢、紫外線
いい成分・対策	［成分］ ビタミンC誘導体 ［対策］ 脱毛	［成分］ ビタミンC誘導体 ライスパワーNo.6 アゼライン酸 ［対策］ クレンジングオイル、酵素洗顔	［すり鉢・成分］ ビタミンC誘導体 グリシルグリシン PEG/PPG-14/7ジメチルエーテル アーティチョーク葉エキスなど ［たるみ・対策］ 日焼け止め

084

つまり毛穴には皮脂抑制と角栓除去

毛穴／肌のしくみ／角栓／洗顔／成分

10代～20代に多いとされる**「つまり毛穴」には皮脂分泌の抑制と角栓除去が有効**です。

皮脂分泌抑制にはまず日焼け止め。紫外線は皮脂分泌を増やすことが報告されています。

それから中性脂肪が多い食事を控えてバランスのいい食事を。

スキンケア成分では**ビタミンC系の成分**か、**ライスパワーNo.6、アゼライン酸**などがおすすめです。

角栓は皮脂とタンパク質の混合物です。

角栓は、皮脂（油性成分）などが3割、角層（タンパク質）が7割の混合物といわれています。

除去するためには、クレンジングオイルで角栓をやわらかくさせたり、酵素洗顔でタンパク質を分解する方法があります。

貼ってはがすパックで一時的に角栓を除去するのもひとつの手。ですが、肌を傷めやすいので使用方法や使用頻度をよく守り、使用後はしっかり保湿をしておきましょう。

085

すり鉢毛穴は肌のターンオーバーをととのえて

毛穴／肌のしくみ／成分／紫外線ケア

すり鉢状に開いた毛穴まわりは、肌荒れと同じ状態であることが報告されています。このような毛穴の方は皮脂が多く、皮脂のなかでも**オレイン酸**や**パルミトレイン酸**といった**不飽和脂肪酸が多い**ことがわかりました。体にいいといわれる不飽和脂肪酸ですが、**肌の上では炎症を起こし、ターンオーバーを異常にし、キメを乱して、すり鉢状に毛穴を目立たせてしまうと考えられています。**

また皮脂中のスクワレンが紫外線によって過酸化物になって、毛穴周辺を刺激することも原因と考えられます。

有効な対策としては、日焼け止めを塗ること。おすすめしたい主な成分は**ビタミンC誘導体、グリシルグリシン、PEG／PPG－14／7ジメチルエーテル、アーティチョーク葉エキス**などがあげられます。

086

たるみ毛穴には紫外線ケアが一番！

毛穴／紫外線ケア／成分

40代以上に多い毛穴が縦にのびるたるみ毛穴ですが、**原因は加齢と紫外線によるダメージです。**

まずは紫外線ケアが一番！

次に、コラーゲン密度を増やすビタミンC系やレチノールなどの成分も効果が期待できると思います。

紫外線は真皮の弾力をつかさどるコラーゲンやエラスチンの分解を促進してしまいます。たるみ毛穴対策にも紫外線ケアが有効なんですね。

087

黒ずみ毛穴の原因は皮脂の酸化ではない

毛穴 ／ 紫外線ケア ／ 成分

現在考えられる黒ずみ毛穴の原因は3つ。

①すり鉢毛穴の影

②産毛

③毛穴まわりの色素沈着

すり鉢毛穴や色素沈着には紫外線が関わるので、やはり**日焼け止めは必須。**期待できる成分なら**メラニンを薄くしたり、皮脂分泌抑制、皮脂酸化抑制ができるビタミンC誘導体もおすすめ**です。

産毛は美容脱毛で元からなくすことが重要。

黒ずみ毛穴の原因は皮脂の酸化と聞いたことがあるかもしれませんが、実は明確なエビデンスはありません。

美しい美白

白い肌は美しい、そう思っている方は多いです。
どんな美容液を使うよりもまずは、
日焼け止めや帽子などでの対策が大切。
その上で、プラスαで取り入れたいのが美白化粧品です。
できてしまったシミを消すこと、
化粧品や医薬部外品ではかなり難しいです。
とにかく予防することが一番。
美しい美白を目指すのであれば、
シミができないスキンケアを心がけましょう。
スキンケアだけでなく、健康的な食事・睡眠も大切ですよ。

日本では「白い肌＝美しい肌」といわれ、長年たくさんの成分が研究されてきました。最近ではスポット的なシミ対策を超えて、肌全体の透明感をあげる、くすみをなくす研究も増えています。

研究領域としても、血管内側の濁り、毛細血管など表皮より深い部分にまでフォーカスされてきています。

世界的には、「色が白い≠正義」との考えから、「美白」という言葉自体を避ける流れもあります。シミやそばかすを隠さず、素肌感を楽しむというトレンドも！　海外ではなんと、そばかすをわざと顔につけるためのシールが売っているそうです。今後はシミやそばかすを防ぐというよりは、年齢によるくすみや透明感にフォーカスした商品が増えそうですね。

088

美白化粧品は「予防する」製品

美白／化粧品のしくみ／ウラ話

ほとんどの美白化粧品の目的は「メラニンの生成を抑え、シミ・そばかすを防ぐ」もしくは「日焼けによるシミ・そばかすを防ぐ」ものので有効成分が配合されています。

つまり、美白有効成分を含む**美白化粧品とは「予防する」ことを目的とした医薬部外品。**

しかし実際には、透明感の向上、今あるシミを薄くするなど、隠れた効果を狙っているものがあります。もちろん、メーカーは訴求できないので、自分で見極める力が必要です。

私は、製品パッケージで推されている成分にどんな効果があるのかを調べたり、特許を調べてみることもありますよ。

089

シミのタイプは4つある

シミ／肌のしくみ

代表的なシミは4タイプにわけられます。

①普通のシミ…紫外線によるもの。日光黒子や老人性色素斑とよばれる。

②雀卵斑（そばかす）…遺伝による場合が多い。化粧品ではケアが難しい。

③炎症性色素沈着…ニキビや蚊に刺されたあとに薄く残るもの。

④肝斑…頬骨に左右対称に薄く出る。

いずれにしても、紫外線は症状を悪化させます。**紫外線対策はきっちり行い、プラスαで美白化粧品を取り入れましょう。**できてしまったシミを改善するには皮膚科に相談しましょう。

090

心強い美白成分「ビタミンC」

美白／成分

美白でよく聞く「ビタミンC」ですが、成分表示での表記名は「アスコルビン酸」です。美白だけではなく、肌悩み全般にマルチな働きが期待できますが、不安定な成分で、いかに安定化できるかが処方のポイント。

そのため、**多くは「アスコルビン酸〇〇」といった別の成分と合体させた「ビタミンC誘導体」とよばれるかたちで配合されることが多いです。**

「オバジC」で有名なロート製薬はアスコルビン酸を安定に、かつ浸透性も高めた処方の特許を取得していることで有名です。

091

敏感肌なら「トラネキサム酸」

美白／敏感肌／成分

以前、現役の化粧品開発者や皮膚科医の先生におすすめの美白成分についてアンケートを行いました。

なかでも人気が高かったのがこの「トラネキサム酸」です。

紫外線によるシミを予防するだけではなく、肌荒れ防止、肝斑へのアプローチも期待できます。

この成分は効果がマイルドで、肌が弱い方でも肌トラブルが起きにくい印象です。

092

ニキビのしくみ

ニキビ ／ 肌のしくみ

「思春期の子供のニキビがひどいです。何かいいスキンケアはありませんか」という質問をよくいただきます。

ニキビは思春期男女の9割が経験し、昔は青春のシンボルといわれていましたが、現在は**立派な皮膚疾患の1つ**とされています。

できたニキビは化粧品や医薬部外品で治療することは困難です。放っておくと治りにくいニキビ跡になってしまうので、皮膚科に相談しましょう。

ただ、たまにできた小さなニキビなら、市販の治療薬を使ってもいいと思います。

また、成人女性でもよく起こり、大人ニキビともいわれます。大人ニキビは思春期のころと異なり、Uゾーン（あご、ほほ）に多いのが特徴です。

ニキビの基本メカニズムは

①皮脂が増える
②ターンオーバー異常で毛穴が閉じ、皮脂がつまる
③アクネ菌が増殖する
④炎症が起こる

ニキビを予防するスキンケアをしっかりしていきましょう。

093

ニキビを予防する2つのポイント

ニキビ／洗顔／クレンジング／保湿

①洗顔・クレンジング

日本皮膚科学会のガイドラインでは、**洗顔は1日2回が推奨**されています。正しい洗顔方法（詳しくは54ページ）でていねいに行いましょう。洗いすぎはよくないと、**洗顔回数を少なくすることはやめましょう。**汚れが残ると悪化の原因に。

オイルクレンジングでニキビが悪化すると思っている人もいるかもしれませんが、とあるクレンジングオイルでは**ニキビは悪化しなかった**というエビデンスもあります。

②保湿

ニキビ予防に保湿が有効という明確なエビデンスはないですが、大人ニキビがある人は、乾燥している人が多いという報告も。過剰な油分はニキビの原因になることがあるので、油分が少ない、水溶性保湿成分を中心とした保湿がおすすめです（化粧水やジェル、ライトな乳液など）。また、ニキビのもと（コメド）ができにくい、ノンコメドジェニック試験済みと記載されたものや、医薬部外品の抗炎症効果、皮脂抑制効果のある成分配合もいいと思います。

094

ニキビ治療薬としても使われる「アゼライン酸」

ニキビ／成分

アゼライン酸は油性成分の1つで欧米ではニキビの治療薬として使われています。主な作用はターンオーバー正常化により毛穴をつまりにくくする、皮脂分泌抑制、抗炎症などがあります。

日本では医薬品としてはまだ未承認ですが、ニキビ予防にも期待できる成分です。市販品はほとんどありませんが、クリニック専売化粧品としてアゼライン酸配合クリームが販売されていることも。

また、アゼライン酸誘導体のアゼロイルジグリシンKも似た作用が期待されます。

新発見を見かけたら

世界初の発見！などと言われると、なんかすごそう！と心奪われませんか。
でも、メーカーが発表する最新の研究などは、試験管レベルの実験が多く、
ヒトできちんと証明されたデータではないことがあります。
ニュースリリースなどで最新の研究成果を目にしたときは、
すぐに飛びつくのではなく、そのデータが「ヒトでの臨床結果」であるかを確認
してみるといいでしょう。
可能ならばそのデータが、信頼性の高い「ダブルブラインド試験」をしているか
確認してみましょう。

ダブルブラインド…有効成分の有無のみ異なるサンプルを使い、被験者も測定者も何を
試験　使ったかわからないようにした試験。思い込み効果（プラセボ効果や
観測者バイアス）を排除する信頼性の高い試験方法。

ここでは、悩み別のアプローチが期待できる主な成分をまとめました。
自分の悩みにあう成分はどんなものがあるか確認してみましょう。

特徴など
ビタミンA類。ターンオーバー促進、表皮ヒアルロン酸産生、真皮コラーゲン密度の増加が確認されている。皮むけや赤みなどが出ることもあるので、よく肌を観察して使う。
ビタミンB3。多くのメーカーがシワ改善の有効成分として使用している。シワ改善、美白、肌荒れ防止と広い作用を有する。
通称「ニールワン®」日本で初めて「シワ改善」の効能効果を取得した医薬部外品の有効成分。真皮の肌弾力に関わるエラスチンの分解酵素「好中球エラスターゼ」の働きを阻害する。
ハイドロキノンとグルコースを結合した水溶性の美白成分。植物にも含まれる。メラニンの産生に関わる酵素活性を阻害する。1989年に資生堂が有効成分として承認を受け、現在は多くのメーカーが使用している。
アミノ酸骨格を持つ水溶性の美白・抗炎症成分。メラニン産生に関与する炎症物質を抑制し、美白・抗炎症作用を発揮する。2002年に資生堂が有効成分として承認を受け、現在は多くのメーカーが使用している。
「4MSK」のこと。2003年に資生堂が有効成分として承認を受けた成分。メラニン産生を抑制するだけでなく、たまったメラニンを排出する作用も有する。
従来から主流のメラノサイトへのアプローチではなく、表皮細胞を活性化し、メラニンの蓄積を防ぐ作用を持つ。2018年にPOLAが有効成分として承認を受けた成分。
甘草由来のグリチルリチン酸から作られる水溶性の抗炎症成分。ニキビ予防や肌荒れ予防の有効成分として広く使われている。

肌の悩み別 主な成分と目的

成分表示名	目的
レチノール	抗シワ
ナイアシンアミド	抗シワ、美白、肌荒れ防止
三フッ化イソプロピルオキソプロピルアミノカルボニルピロリジンカルボニルメチルプロピルアミノカルボニルベンゾイルアミノ酢酸Na	抗シワ
アルブチン、β-アルブチン	美白
トラネキサム酸	美白、抗炎症
4-メトキシサリチル酸カリウム塩	美白
デクスパンテノールW	美白
グリチルリチン酸2K、グリチルリチン酸ジカリウム	抗炎症、肌荒れ防止、ニキビ予防

特徴など
甘草由来のグリチルリチン酸にステアリルアルコールを結合した油溶性の抗炎症成分。ニキビ予防や肌荒れ予防の有効成分としてオイルベース処方によく使われる。
肌の水分を保ち、肌荒れを防ぐ水溶性の有効成分。有効成分としては珍しい高分子。乾燥肌改善の医薬品ヒルドイド®の有効成分として有名。現在は日常的に使える医薬部外品の有効成分としても配合が可能となった。
日本で唯一「水分保持機能の改善」が認められた米由来の成分。角層バリアに重要なセラミドを増やす作用を有する。2001年に勇心酒造が承認を受けており、限られたメーカーにしか原料供給されていない。
日本で唯一「皮脂分泌の抑制」が認められた米由来の成分。皮脂腺の皮脂合成を抑制する。2017年に勇心酒造が承認を受け、限られたメーカーにしか原料供給されていない。
メラニン産生を抑制する水溶性成分。高い抗酸化作用もあるため酸素に弱く変化しやすいため、有効成分として効果的に配合するには高い技術が必要。メラニンを薄くする効果やコラーゲン合成効果も期待される。
アスコルビン酸にグルコースを結合した水溶性成分。アスコルビン酸に比べて安定性が高い。1994年に資生堂が承認を受け、現在は広く使われている。
アスコルビン酸にリン酸Naを結合した水溶性成分。メラニン産生抑制効果がある。皮脂の抗酸化作用によりニキビケアにも有効。ニキビの炎症性紅斑向け外用剤の1つとして推奨されている。(尋常性ざ瘡治療ガイドライン2017)
水に溶けにくい成分。アクネ菌の増殖抑制によるニキビ予防効果がある。広く使われている。
ビタミンEに酢酸を結合した油溶性成分。血行促進による肌荒れ防止効果があり、他の有効成分と組み合わせて配合される。

成分表示名	目的
グリチルレチン酸ステアリル	抗炎症、肌荒れ予防、ニキビ予防
ヘパリン類似物質	保湿、バリア機能改善
ライスパワーNo.11	水分保持機能改善、頭皮水分保持機能改善
ライスパワーNo.6	皮脂分泌抑制、頭皮皮脂分泌抑制
アスコルビン酸	美白、抗酸化、抗老化
アスコルビルグルコシド、L-アスコルビン酸2-グルコシド	美白、抗酸化、抗老化
アスコルビルリン酸Na、リン酸L-アスコルビルナトリウム	美白、ニキビ予防、抗酸化、抗老化
O-シメン-5-オール、イソプロピルメチルフェノール	抗菌、ニキビ予防
酢酸トコフェロール、酢酸DL-α-トコフェロール	血行促進、肌荒れ予防

みなさんからよくいただく質問に答えてみました。
参考になると嬉しいです。

Q

化粧品による肌の状態改善はどこまでならできるのでしょうか？医療ケアに移行する目安が知りたいです！

［はなさん］

A 化粧品や医薬部外品の目的は、基本的に「健康維持」や「予防」です。たとえば、保湿、肌荒れ予防、ニキビ予防、シミ予防程度です。
できてしまったニキビやシミ、毛穴を改善・治療する場合は医薬品や美容医療の範疇と考えましょう。

Q

飲む日焼け止めやコラーゲンドリンクに意味はあるのでしょうか？

［ぴよ子さん］

A 飲む日焼け止めはSPFに換算すると、SPF2程度という報告があります。飲む日焼け止めだけで、十分な日焼け止め効果を得るのは難しいと思います。そのため、塗る日焼け止めとの併用がおすすめです。コラーゲンドリンクについては、昔は意味がないものと思われていましたが、最近の研究では特定のコラーゲンペプチドを飲用すると肌の角層水分量を上げるなどの報告もあがってきていますよ。

第6章

化粧品開発のウラ話

095

美容成分の配合量は0.001%!?

成分／ウラ話

私の経験では化粧水の80%以上は水で、ベースの水性保湿成分はだいたい5〜15%程度。それでは美容成分はそれぞれどれくらい配合されているのでしょうか?

たとえば抗炎症成分グリチルリチン酸ジカリウムは0.05〜0.5%が一般的です(※)。植物エキスの純分は0.001〜0.01%程度が一般的です。**エキスが0.1%も配合されているとかなり高配合な印象です。**

「それだけ?」と思うかもしれませんが、逆にこれ以上配合すると製品の安定性が悪くなったり、肌トラブルの原因になることも。

美容成分は少量でも十分な作用を発揮するも

※いわゆる薬用化粧品中の有効成分リスト(厚生労働省発表)

のがあるのです。**とにかくたくさん成分を配合すればいいというものではなく、どう配合するかの処方技術が大事です。**

その他の成分との組み合わせで浸透促進や相乗効果を出したりしますので、単一の成分だけに注目するのでは本質を見抜くのは難しいです。ただ、商品をよく見せるために極々少量だけしか配合されないこともあるのが悩ましいところです。

096

メーカーの技術力がわかる「処方技術」

ウラ話／成分

処方技術とは単純にAとBの成分を組み合わせるだけでなく、そのバランスが重要です。たとえば、スイカに塩をかけると甘くなってより美味しくなりますが、かけすぎるとしょっぱくなりますよね?

一つひとつの成分自体はありきたりで価格が安いものでも、**ちょうどいい組み合わせによっていい作用を引き出し、希少価値が高まっていく**。

この処方技術こそ、各社の研究員の努力の結晶なのです。

097

美容液の定義は曖昧なのです

考え方／見極めポイント

実は美容液には明確な定義がなく、各社が独自に「これは美容液です！」と言って売っています。

私の経験では、５つの特徴を持つものが多いと感じました。

①化粧水よりもとろみがある
②美容エキスたっぷり
③浸透感を高める工夫がされている
④容量が少ない
⑤油分が入っている

美容液から油を減らすと化粧水ですし、油を増やすと乳液やクリームになります。

098

1000円の化粧品の原材料費は約2割以下？

ウラ話

「化粧品は水商売」といわれることがあります。

原材料費が安く、利益が多いと思われがち。

化粧品１本の原価率を考えてみましょう。

日本トップの化粧品メーカーの報告書（※）を見ると、原材料比率は8〜20％ほどでした。

仮に中間をとるとすると15％。

1000円の化粧品なら原材料は150円ということになります。

残りはすべて利益？　と思いそうですが人件費や広告宣伝費、研究開発費もかかっています。化粧品ビジネスはイメージほど儲(もう)けが多い商売ではないのです。

※資生堂グループ有価証券報告書（2018年）

099

中身より容器が高い？

ウラ話

化粧品の顔である容器。容器代はシンプルなものだと100〜300円くらい。

パーツが多いものはもっと高くなります。たとえば、クリームによく使われるジャー容器は本体、外蓋、中蓋、スパチュラとパーツが多く、高価です。一方化粧品の中身（バルク）は保湿剤だけのシンプル化粧水ならバルク1kgあたり200円でも作れちゃいます。容量が200gの商品ならバルクは40円。勘がいいみなさんならもうお気づきでしょうが、**中身よりも容器が高いことも割とある**、ということなんですね。

100

プチプラもデパコスも、ベースの原価は同じくらい

成分／ウラ話

商品原価は、原材料費と容器代に大きくわけられます。

原材料のなかでも水性成分、油性成分、界面活性剤などのベース成分はお金がかかります。しかし、プチプラもデパコスもベース成分の配合量や種類は大きく変わらないので、**「その他成分」の配合量や種類によってかなりの差が生まれます。**

一般的なベース成分の1kgあたりは1000円以内であるのに対し、植物エキスは1万円以上、天然香料だと5万円、高級なバラの精油ともなれば100万円以上のものも！

取り扱うときは毎回ヒヤヒヤしたものです。

101

そのメーカーだけが使える「独自成分」

成分

ほとんどの化粧品成分はどんなメーカーでも自由に使えます。一方で、大手化粧品メーカーは独自の有効成分を開発し差別化を図っています。たとえば、POLAのシワ改善成分「ニールワン®」、資生堂の美白成分「4MSK」など。**有効成分の新規開発は、非常に難易度が高く、何十億円、何十年といったお金と時間をかけて、効果と安全性の確認をします。**このような成分が配合された新商品が出るとワクワクしますよね。

102

鉱物油は肌に悪い？

成分／考え方

「鉱物油は肌に悪いんですよね？　油やけが怖いです」という相談がよくあります。でもそれは昔の話。

昔、精製度が低い鉱物油を使っていたときには、顔面黒皮症という肌トラブルが起きたそうです。現在は鉱物油は精製度が高く、非常に安全性が高い成分です。**医薬品として使われるワセリン**も鉱物油ですし、ベビーオイルとして有名なミネラルオイルも鉱物油。肌にあわない人以外は、安心して使えると思います。

103

パラベンは気にしなくてもOK

成分／考え方

パラベンフリー化粧品とは防腐剤である「パラベン類」を配合していない化粧品のこと。人によっては刺激を感じる方もいますが、感じないなら気にする必要はありません。**パラベンは何十年も前から全世界で使用されている成分で安全性が認められています。**ちなみに、パラベンフリーの場合は、別の防腐剤を代わりに入れていますので、その成分があなたにあうかも重要です。

104

成分の勉強におすすめなちふれ化粧品

成分／考え方

「成分についてもっと詳しくなりたい！」という方におすすめなのが、ちふれ化粧品です。

ちふれ化粧品のすごいところは、成分を表記しているところに**「配合目的」と「配合量」まで記載しているところ**。

たとえば、美白化粧水なら、「美白成分としてアルブチンが3％配合されている」というところまでわかります。

見るだけでかなり詳しくなると思いますよ。

105

気になる コラーゲンドリンクのはなし

成分

あるヒト臨床試験を行った論文によると、**「魚類由来のコラーゲンペプチドを飲むと角層の水分量がアップする」という研究結果が出ていました。**ただし、1日に5gを1カ月飲んだ場合であり、2.5gでは効果がありませんでした。このとき、水分蒸散量、やわらかさ、弾力には効果がなかったという結果に。飲み続けることにより、角層の状態をよくする可能性はありそうですが良質なエビデンスが不足していると感じますので、これからの研究に期待ですね。

106

幹細胞エキスには幹細胞は含まれない

成分

幹細胞は細胞のもととなる細胞のこと。

「幹細胞エキス」と聞くとものすごく効果が高そうなイメージを受けますが、幹細胞エキスは上澄みのエキスであり、幹細胞が含まれているわけではありません。

もちろん、**ペプチドやアミノ酸などが含まれるので、保湿や美容効果は期待できそうです**が、あくまで化粧品なので穏やかな効果にとどまるのでは、と思います。

また、良質なエビデンスは不足している印象なので今後の研究開発に期待です。

107

「200%アップ!」ってほんとにすごい?

見極めポイント／考え方

メーカーの研究報告などでこのようなデータやグラフを見たことがあります。すごそうですが、**一度冷静になりましょう。**

まず、グラフの場合の縦軸ですが、原点が0でないことや、単位や数字が書いていないこともあります。どれも、**差を大きく見せるためのテクニック**です。

また、どれくらいの効果があるのかは絶対値(具体的な数値)がないとわかりません。たとえば保湿力が1から2になるのも、100から200になるのも同じ200%アップですが、量が全然違いますよね。

108

エビデンスとN=1の価値

ウラ話

多くの人に正解なのはエビデンス（科学的根拠）のある情報です。

たとえばアトピー治療のスタンダードは、良質なエビデンスの結集である「標準治療」がまず推薦されます。私も一番信頼するのは信頼性の高いヒト臨床データです。

一方で、個人のN＝1（Nは被験者の数を表す）の体験談は無視すべきなのかというと、そうは思いません。

その体験談には、いまだエビデンスが乏しいだけかもしれません。体験談をきちんとした方法で検証するのも科学の役割であり、両者は切っても切れない関係なのです。

109

「食べ物」を使う危険性

食べ物／成分／アレルギー

「食べられる＝一番安全」

そう思ってはいませんか？

最近の研究で、**食品アレルギーは皮膚からアレルゲンが侵入することも原因**とわかり、業界に衝撃が走りました。ピーナッツオイルを保湿剤として使用した子供たちがナッツアレルギーになる確率が高くなることが明らかになっています。

食べ物は不純物が多く含まれており、それが美味しさの秘密でもありますが、皮膚に塗布する際はリスクを考える必要があります。

安易に食べ物を肌に塗ることはおすすめしません。

110

刺激、アレルギーリスクの高い成分とは?

成分/アレルギー/考え方

リスクが高いと聞くと絶対に使いたくないと思う人も多いですが、**ちょっと待ってください。**

基本的に化粧品のすべての成分は安全性に非常に慎重に作られます。それでも人によってはまれに刺激やアレルギーになることがあるという程度です。小麦アレルギーの人がうどんを避けるのはわかりますが、特定の成分が絶対にあわないという人以外は、**過剰に避ける必要はありません。**

それをふまえたうえで、肌トラブルが出たときにまず疑いたいのは、

①**化粧品基準の配合制限成分**
（防腐剤、紫外線吸収剤、タール色素など）

②**ジャパニーズスタンダードアレルゲン25種**（※）

③**香料・精油**

④**美白・シワ改善などの効果成分**
（アスコルビン酸やレチノールなど）

⑤**界面活性剤**

⑥**防腐剤以外の抗菌成分**（多価アルコール）**など**

これ以外の成分が刺激やアレルギーのもとになることもあります。異変を感じたときは、パッケージの全成分を写真で記録し、今後の化粧品選びの参考にしましょう。

※日本皮膚アレルギー・接触皮膚炎学会が選定した日本人に反応が出やすい25種類

化粧品の安全テスト

日本で販売されている化粧品のほとんどは
さまざまな厳しい基準をクリアしたものばかりで、
基本的には安全であると私は考えています。
ここでは、化粧品の「安全性」を確かめるために、
化粧品を製造する会社が行うテストを
3つほど紹介します。

1 パッチテスト

目的：一次刺激（塗ってすぐの刺激）を確かめる

2 RIPTテスト

目的：累積刺激（長期で積み重なる刺激）、
およびアレルギーを確かめる

3 スティンギングテスト

目的：ピリピリ感を確かめる

上から順に、実施されていることが多いです。

「安全性」以外にもさまざまなテストや実験が行われているのでテストの一部、と考えてくださいね。

パッチテスト

＼いちばん多い！／

2日くらいで終わる、簡易的なテストです。

製品を人の背中に塗り、パッチ（丸い絆創膏のようなもの）を24時間〜48時間ほど貼りつけ、その後、皮膚が赤くならない確認します。30〜40人のボランティアにお願いしますが、赤みが出てもすぐ消えることがほとんど。テストを実施して「安全」と判断する基準は、会社によって違います。パッケージに「パッチテスト実施済み」と書かれている商品で、実施されています。

RIPTテスト

＼時間がかかる！／

RIPTテストとは、累積皮膚刺激性とアレルギー性を同時に確認するテストです。パッケージに「アレルギーテスト実施済み」と書かれているのを見つけたら、それはRIPTテストを行っている証。一般的には1.5カ月ぐらい時間をかけてパッチテストに似たテストを行うイメージです。もともと、刺激やアレルギーに配慮して処方された製品に行うテストなので、この試験で反応が出ることはほとんどありません。反応が出てしまった場合は処方を変更し、反応が出なくなるようにすると思います。

スティンギングテスト

＼めずらしい！／

スティンギングテストとは刺激ともアレルギーとも異なる、肌にのせたときのピリピリ感をみるテストです。一般の方で知っている人は少ないと思います。

ピリピリ感を感じやすい人を集め、実際に使ってもらい、反応を見て判断します。スティンギングテストを行っている製品は少ないのでパッケージをよく見てみましょう。敏感肌の人にピリピリ感を感じやすい人が多いといわれていますので、敏感肌の方は探してみてもいいと思います。

おわりに

本書では主に成分の働きや、科学的な化粧品の話、肌のしくみなどを解説しましたが、**最高の化粧品はあなたにベストマッチする化粧品**です。

具体的には、**あなたの肌に刺激がなく、肌の調子がよく、感触的にも価格的にも使い続けやすい化粧品**のことです。

化粧品の成分の働きや、科学的な美容情報を頭に入れておくと、漠然と選んでいた化粧品がもっと合理的に選べるようになるかと思います。

また、効果200％アップ、シミが消える、鉱物油は肌に悪い、というセンセーショナルな情報に多くの人は心躍らされますが、こういう情報を見たときにいったん立ち止まって考えるクセをつけてほしいとも思います。

しかし、理性だけで選ぶ化粧品というのも味気ないもの。

ときには、可愛い！　なんかすごそう！　いい匂い！　という感性も非常に大事だと思います。

私もデパートのきらびやかな空間に行くだけで幸せを感じます。

自分の感性を楽しみつつ、理性でサポートして化粧品を正しく楽しく使ってみてください。


会社をやめて情報発信をするようになり、私自身も驚いたのですが、消費者の意見をダイレクトに聞くようになってから、会社にいたときよりもより深く皮膚と化粧品のことを考え学ぶようになりました。

いまだに私が知らないこともたくさんあります。

諸先輩方やSNSのフォロワーの方に教えてもらったり、新しいことを調べたり、最新研究や論文をなどにふれ、常に情報をアップデートしていきたいと思います。

化粧品やスキンケア情報は山のようにあふれていますが、この本があなたの化粧品選びの参考になれば非常に嬉しいです。

化粧品開発・研究者

すみしょう

参考文献・URL

釈 政雄, 黒田 秀夫, 野沢 進, 森田 一二「ヒト皮脂の量とその変動について」『日本化粧品技術者会誌』1978 年 12 巻 2 号 p. 29-35

熊谷 広子, 塩谷 和美, 川崎 清, 堀井 和泉, 小山 純一, 中山 靖久, 森 渉, 太田 三郎「肌質の科学的判別法の開発」『日本化粧品技術者会誌』1985 年 19 巻 1 号 p. 9-19

尾沢 達也, 西山 聖二, 堀井 和泉, 川崎 清, 熊野 可丸, 中山 靖久「皮膚保湿における保湿剤の役割」『皮膚』1985 年 27 巻 2 号 p. 276-288

Factors associated with the development of peanut allergy in childhood Gideon Lack et al. N Engl J Med. 2003. 348:977-985

大原 浩樹, 伊藤 恭子, 飯田 博之, 松本 均「コラーゲンペプチド経口摂取による皮膚角層水分量の改善効果」『日本食品科学工学会誌』2009 年 56 巻 3 号 p. 137-145

鳥家 圭悟, 川嶋 善仁, 大戸 信明, 野嶋 潤, 池岡 佐和子, 田邊 瑞穂, 木曽 昭典「グルコシルセラミド含有パイナップル果実エキスの美容効果」『日本化粧品技術者会誌』2017 年 50 巻 4 号 p. 306-313

岡部美代治『プロのためのスキンケアアドバイスの基本』フレグランスジャーナル社、2011年

日本化粧品工業連合会「日本化粧品工業連合会」（https://www.jcia.org/user/ ）

日本石鹸洗剤工業会「日本石鹸洗剤工業会」（https://jsda.org/w/index.html）

株式会社資生堂「ワタシプラス」（https://www.shiseido.co.jp/wp/index.html）

SPECIAL THANKS!

いつも動画やブログを
見てくださっているみなさん
質問を寄せてくださったみなさん

STAFF

ブックデザイン	喜來詩織（エントツ）
DTP	三光デジプロ
イラスト	killdisco
校正	麦秋アートセンター
編集協力	稲垣飛カ里（side dishes）

すみしょう（化粧品開発・研究者）
1986年関東生まれ関西育ち。京都工芸繊維大学大学院工芸科学研究科物質工学専攻修士課程修了。大学では新規界面活性剤の合成と評価を行う。大手化学メーカーの化粧品OEM部門にて処方開発、薬事業務、特許作成などを7年経験。独立後、化粧品研究系YouTuberとして、化粧品科学をベースとしたコスメレビューや、美容情報を発信。現在は法人を運営し、化粧品の研究開発や、商品プロモーションも行っている。

ブログ「すみしょうの化粧品成分解析」：https://shosong.com
YouTube：https://www.youtube.com/c/sumicos
Twitter：@smishow01
Instagram：@sumisho_cosme

最短で美肌になるために知っておきたい
スキンケア大全

2021年 4月28日　初版発行

著者／すみしょう

発行者／青柳　昌行

発行／株式会社KADOKAWA
〒102-8177　東京都千代田区富士見2-13-3
電話　0570-002-301（ナビダイヤル）

印刷所／凸版印刷株式会社

ISBN 978-4-04-605208-7　C0077